SEPP WEJWAR

# DAS ÖSTERREICHISCHE BIERBUCH

## DER GENUSSRATGEBER RUND UMS BIER

KRENN

# Inhalt

## Einleitung



## Bierarten



## Genusskultur

# Inhalt



## Bundesländer und ihre Biere



## Das Magazin



## Rohstoffe

# Bier, das unbekannte Wesen

*„Wer behauptet, kein Bier zu mögen, hat ‚seines' noch nicht gefunden."*

*Sepp Wejwar*
Autor

Peter Paul Berger wird nicht müde, seinen Spruch einzusetzen, wenn er wieder einmal hören muss: „Ich mag kein Bier."

TATSÄCHLICH WEISS FAST NIEMAND, WIE BREIT DAS SPEKTRUM AN FARBEN, DÜFTEN, GESCHMÄCKERN, KONSISTENZEN UND STÄRKEN VON BIER IST.
Sauberes Bier kann nach einer gerade aufgeschnittenen rosa Grapefruit duften, nach frisch geröstetem Kaffee, nach Apfelmost, nach Zwetschkenröster, nach Banane oder nach Karamell. Es kann vollmundig-mollig dem Gaumen schmeicheln oder überaus lebendig perln. Es kann himmlisch-süß oder teuflisch-scharf schmecken. Es kann fruchtig-spritzig oder cremig-weich die Mundhöhle erfüllen. Es kann schlank und fein oder breit und mächtig sein. Es kann federleicht oder gehaltvoll schwer sei. Es kann mit zarten bis kräftigen Bitternoten oder mit markanten Fruchtnoten erfrischen.

*Klare Sache*

Stilleben

# Wer würde denken, dass fast jedes Bier hervorragend zu Süßspeisen passt?

## Dass Bier weitaus vielfältiger ist als etwa Wein oder jede andere Getränkefamilie?

Bier ist einzigartig – nicht nur deshalb, weil es einen Schaum hat. Bier hat sehr viel mehr zu bieten, als die meisten wissen. Sogar die Mehrheit jener, die freudig eingestehen, Bier zu lieben, hat wenig Ahnung davon, was Bier wirklich „kann".

Herrliche Zukunftsaussichten! Für jene, die sich bislang als Nicht-Biertrinker erleben genauso wie für ausgewiesene Bierliebhaber. Denn es gibt für alle noch so viel Wunderbares zu entdecken. Herrliche Aussichten auch für die Brauereien, weil sich ihnen neue Märkte erschließen. Und damit auch für alle Bierverrückte, die sich gut auskennen. Denn das (noch) nicht ausgeschöpfte Zukunftspotenzial ist die beste Versicherung, dass die Vielfalt erhalten bleibt beziehungsweise sogar noch breiter werden kann.

Wenn man heutzutage Bierfans fragt, welches Bier sie besonders mögen, antworten diese meistens mit der Nennung einer oder mehrerer Marken. Dabei wird nicht bedacht (oder man weiß es einfach gar nicht), dass unter allen großen österreichischen Marken höchst unterschiedliche Bierspezialitäten angeboten werden. Die Äußerung: „Ich mag das Stiegl, das Zipfer, das Ottakringer" meint in den meisten Fällen: Ich mag das Stiegl Goldbräu, das Zipfer Urtyp oder Ottakringer Helles. Denn „das Bier" ist in Österreich das Märzen. Mit einem Marktanteil von deutlich über 80 Prozent, Tendenz noch immer steigend, dominiert dieser Stil die alpenländische Bierlandschaft. Dabei ist Märzen nur einer von fast 200 Bierstilen, die es weltweit gibt!

Auch in Österreich ist das Angebot an Bier-stilen umfangreich. Unter den etwa 700 Bieren, die zurzeit in der Alpenrepublik gebraut werden, befinden sich natürlich zahlreiche Vertreter der Gattung Märzen. Aber auf den rund 15 Prozent des heimischen Marktes, auf denen sich die Nicht-Märzen-Biere tummeln, drängeln sich neben den noch einigermaßen bekannten Stilrichtungen Weißbier, Pils, Zwickel, Bock, Radler oder Dunkles Bier so spezielle Köstlichkeiten wie Roggen-, Hanf-, oder Honigbier, Stout, Ale oder Chilibier.

# Bier ist am Sprung

NOCH WIRD BIER IM IMAGE WEIT UNTER SEINEM WERT GESCHLAGEN.
Viele missverstehen es als Massengetränk, das keine besondere Aufmerksamkeit verdient. Vor einem Vierteljahrhundert war die Rezeption des Weines in Österreich beim breiten Publikum ähnlich undifferenziert. In den meisten heimischen Lokalen konnte man zwischen 2 Weinen wählen: Rot oder Weiß. Heute kann man in jedem Durchschnittsbeisel nach einer Weinkarte fragen. Verschiedene Rebsorten aus mehreren Anbaugebieten, unterschiedliche „Gewichtsklassen", die Winzer werden genannt und die Weine sind nicht selten ganz ordentlich beschrieben. Auf den Bierkarten (die praktisch noch immer ein Teil der Speise- und Getränkekarten sind) findet sich ein Märzen und vielleicht ein Weizenbier und – das ist schon eine kleine Sensation – ein Pils. Manchmal sogar ein Dunkles. Keine Rede von einer Bierbeschreibung, geschweige denn von abgestimmten Speiseempfehlungen. Dabei ist es gar nicht so schwer, eine Bierkarte mit zahlreichen Positionen zu erstellen. So, dass sie animierend wirkt. Inklusive Stil, Beschreibung und Speisenempfehlung. Karl Schiffner demonstriert das in seinem Biergasthaus in Aigen-Schlägl eindrucksvoll. Er ist einer der ersten Diplom Biersommeliers und bildet mittlerweile die nachkommenden Generationen aus. Biersommeliers gibt es erst seit wenigen Semestern. Aber die Kurse sind auf Jahre hinaus ausgebucht. Wir werden stetig mehr und dazu beitragen, dass man in diesem Land, in dem herausragend gute Biere hergestellt werden, in absehbarer Zeit sagen wird: „Ich liebe Bier, das gut bekannte Wesen."

# Beim Österreichischen Bierbuch geht es vor allem um Genuss.

Auch wenn wir unsere Recherchen sehr ernst genommen haben, als wichtigste Aufgabe des vorliegenden Buches erachten wir, seinen Leserinnen und Lesern zu mehr Genuss zu verhelfen. Dazu gehört, dass sie sich nicht zuerst durch grundlegende Kapitel wie Rohstoffe, Produktion oder Geschichte kämpfen müssen, um zum Wesentlichen zu kommen: zu herausragenden Bieren. Wir beginnen mit dem Genuss. Auch weil wir uns ziemlich sicher sind, dass damit auch das Interesse an den Hintergrundinformation steigt. Keine Sorge, die Rohstoffe werden wir Ihnen nicht vorenthalten, Sie finden sie übersichtlich gestaltet im hinteren Teil des Buches.

## Das beste Bier Österreichs

wird hier nicht festgelegt. So eine Festlegung wäre schlichtweg nicht möglich. Zu unterschiedlich sind Anlässe, Situationen und Geschmäcker. Auch „in" ein und derselben Person: Ein Bierfreund wird nach einer schweißtreibenden Bergtour am liebsten ein frisches kühles Schankbier, Weizen oder Märzen trinken. Der intensive Doppelbock, welchen er in meditativen Stunden so begehrt, könnte ihm die klebrige Zunge nicht vom Gaumen lösen. Die Behauptung „Österreichs bestes Bier" bleibt daher das Privileg der Werbung. Sie können aber davon ausgehen, dass die nachfolgend im Detail beschriebenen Biere von sehr hoher Qualität sind. Und manche davon sind tatsächlich „Weltmeister".

## 109,3 LITER PRO KOPF – WIR SIND VIZE-WELTMEISTER

*Am 23. Februar 2009 verkündete der Präsident des Verbandes Österreichischer Brauereien, Dr. Markus Liebl, dass wir es 2008 endlich geschafft haben. Mit einem Bierverbrauch von 109,3 Litern pro Jahr und Kopf (ohne alkoholfreies Bier und Malztrunk) liegt die Alpenrepublik erstmals vor den Nachbarn aus Deutschland (108 Liter). Beim großen Nachbarn ist er von 116 auf 112 Liter gesunken. Die Tschechen bleiben mit 160 Litern pro Kopf und Jahr Weltmeister. „Ein neues Ziel. Wenn wir es schaffen, vor allem mehr Frauen von unserem Bier zu überzeugen, können wir auch das erreichen."*

Dr. Markus Liebl
Präsident
des Verbandes
Österreichischer
Brauereien

# Wie kann, wie soll man Biere einteilen?

*Gewachsene Strukturen sehen deutlich anders aus als solche, die auf dem Reißbrett entstanden sind.*

Wer über Barcelona fliegt, kann das geometrisch angeordnete Jugendstilviertel Eixample und die verwinkelte gotische Altstadt auch aus der Luft leicht auseinanderhalten. Bier war schon in gotischen Tagen ein traditionsreiches Getränk. Also können wir die Hoffnung auf eine klar durchdachte Struktur der Sorten, Stile und Kategorien getrost vergessen. Die Struktur der Biere ist eine „gewachsene".

## Sorten, Stile, Kategorien

AUCH WENN NOCH IMMER EINIGE GLAUBEN, ES GÄBE EINFACH „BIER“: Allein in Österreich haben wir bei den Recherchen zu diesem Buch und zur Website www.allebiere.at – die eine praktische und regelmäßig aktualisierte Ergänzung zu diesem Buch darstellt – 32 Bierstile aufgefunden. Jenen mit der größten Bedeutung – und die gründet nicht immer auf Ausstoßzahlen – haben wir ein jeweils eigenes Kapitel gewidmet, die anderen fassen wir am Schluss des nächsten Abschnitts zusammen.

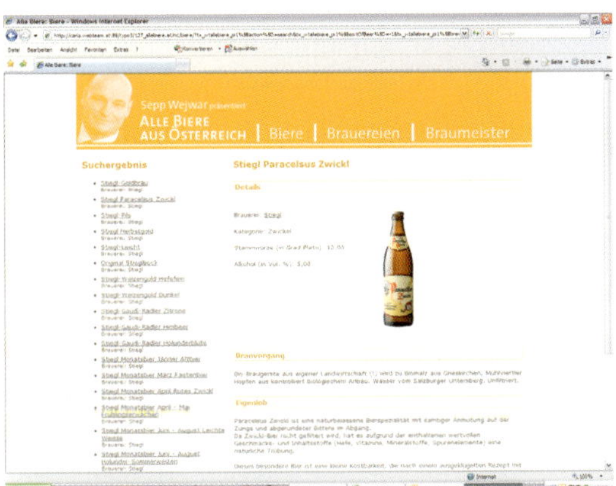


*Screenshot „www.allebiere.at“*

Aber auch die Grenzen der Stile sind nicht gleichartig, sie müssen sich ebenfalls den gewachsenen Strukturen anpassen. Deshalb verschieben sich sogar bei im Vorfeld ihrer Planung bestens ausgetüftelten Wettbewerben manchmal die Kategorien und/oder ihre Grenzen. Das ist gut so, denn auch die Strukturen verändern sich. Eines aber ist eindeutig: Das Aufkommen von immer mehr solcher, bestens beschickter Bewerbe ist ein starker Hinweis auf die sich bestens entwickelnde Bierkultur. Bier ist „am Sprung“.

## 140 Kategorien beim World Beer Cup, 45 beim European Beer Star

Der European Beer Star, der, wie sein Name vermuten lässt, Biere europäischer Stile bewertet, nennt für die Einreichung 2008 45 Kategorien. Hingegen umfasst der World Beer Cup alle Kontinente. Aktuell werden dort 91 Hauptkategorien unterschieden. Inklusive der Subkategorien kennt der World Beer Cup ganze 140 Kategorien. Der „beer hunter“ Michael Jackson (1942 bis 2007) teilte die Welt in 73 Bierstile ein. Darunter „Vienna“, ein in Österreich vor allem historisch bedeutender Stil, der heute nicht mehr mit den Trinkgewohnheiten in der Bundeshauptstadt verbunden werden kann. Sieht man vielleicht vom erst vor wenigen Jahren in den Markt eingeführten „Sechzehnerblech“ ab, das die Ottakringer brauen. Siehe dazu auch Seite 19.

# Stil versus Sorte nach dem Codex

Ein Bierstil wird nicht „festgelegt", er hat sich historisch entwickelt. Dessen Nachzeichnung obliegt honorigen Bierchronisten, wie dem in die ewigen Biergründe eingegangenen „beer hunter" oder dem österreichischen „Bierpapst" Conrad Seidl, der sich seit Jahrzehnten mit vergorenem Getreide publizistisch auseinandersetzt. Der Codex hingegen legt Biersorten fest, welche für die Brauereien bindend sind. Wird so eine Sorte am Etikett geführt, so muss das in der Flasche enthaltene Bier den im Codex dafür vorgeschriebenen analytischen Werten (vor allem Stammwürze- und oder Alkoholgehalt) entsprechen.

*Um die Verwirrung perfekt zu machen: Es gibt im Codex angeführte Bezeichnungen, die nicht an bestimmt Werte gebunden sind. Sie erinnern sich: Das Bierwesen ist das gotische Viertel, nicht die konstruierte Neustadt …*

*„Die Alten"*
Zwettler Brauerei

# Kurzporträts der Bierstile

Das Österreichische Bierbuch unternimmt den Versuch, die heimischen Bierstile genauer zu definieren. Demzufolge steht am Beginn jedes Sorten-Kapitels ein solches Kurzporträt. Es soll den GenießerInnen die Zuordnung erleichtern und eventuell sogar dazu beitragen, Ausreißer zu entlarven.

DABEI HABE ICH DIE BIERSTILE NACH FOLGENDEN KRITERIEN SYSTEMATISCH BESTIMMT:

*1.) Untergärig oder obergärig*
*2.) Gewichtsklasse nach dem Codex*
*3.) Farbe des Bieres*
*4.) Mengenmäßige Bedeutung der Biere für den österreichischen Markt*

## Vollbiere

### Helle Vollbiere, untergärig

- *Märzen*
- *Pils*
- *Helles Zwickel*
- *Biobier hell*
- *Biozwickel*

### Helle Vollbiere, obergärig

- *Kristallweizen*
- *Hefeweizen hell*
- *Roggenbier hell*

### Bernsteinfarbene und Rote Vollbiere, untergärig

- *Biobier bernsteinfarben*
- *Rauchbier*

### Bernsteinfarbene und Rote Vollbiere, obergärig

- *Rotes Zwickel*
- *Roggenbier bernsteinfarben*
- *Hefeweizen bernsteinfarben*
- *Alt*

## Vollbiere

### Dunkle bis Schwarze Vollbiere

- *Dunkles Bier*
- *Schwarzbier*
- *Hefeweizen dunkel*

### Kräftigere untergärige Biere zwischen Vollbier und Bock

- *Spezial*
- *Export*
- *Wiener Typ*
- *Festbier*

## Bockbiere

- *Heller Bock*
- *Bernsteinfarbener Bock*
- *Dunkler Bock*
- *Weizenbock*

## Nischen- und Kreativbiere

- *Kräuter und Fruchtbiere*
- *Bier mit Honig*
- *Steinbier*

## Leicht und Alkoholfrei

- *Alkoholfreies Bier*
- *Leichtbier*
- *Schankbier*
- *Leichtes Weizen*

## Legende

- *Sehr wichtig*
- *Wichtig*
- *Geringe mengenmäßige Bedeutung*

IM RAHMEN DES HERSTELLUNGSPROZESSES KÖNNTE ALSO EIN BIER MIT ENTSPRECHENDER STAMMWÜRZE DURCHAUS KORREKT NACHTRÄGLICH „ENT-ALKOHOLISIERT“ WORDEN SEIN. Also gibt in diesen Segmenten besser der finale Alkoholgehalt den Ausschlag, wo ein Bier einzuordnen ist. Für alle, die sich nun fragen, warum man dann nicht gleich für alle Kategorien den Alkoholwert – und nicht die Stammwürze – wählt, gibt's folgende „logische" Antwort: Die Stammwürze ist der „bierigere" Wert. Er gib einfach besser Aufschluss über den Gehalt eines Bieres – der Alkoholwert gibt dann, in Verbindung mit dem Stammwürzewert, auch Auskunft darüber, ob das Bier durchgegoren ist oder eben nicht. Mehr zu diesem Thema im Kapitel „Dunkle Biere" ab Seite 48.

STAMMWÜRZE UND ALKOHOL

*Wenn in 100 Gramm unvergorener Würze 1 Gramm Extrakt – die gelösten Stoffe aus Malz und Hopfen – enthalten ist, spricht man von 1 Grad Stammwürze. Dieser Extrakt enthält hauptsächlich den Malzzucker, Eiweißstoffe, Vitamine, Spurenelemente sowie die Bitter- und Aromastoffe des Hopfens.Der Alkoholgehalt kann so abgeschätzt werden: „Stammwürze dividiert durch 3" entspricht circa dem Alkohol, ausgedrückt in % Vol.*

*„Trinkerszene"*

Villacher Brauerei

## Einteilung nach Alkoholwerten beziehungsweise Stammwürzegraden

Beginnen wir also mit den im Codex festgelegten Bierkategorien, die im lauteren Wettbewerb auch bezeichnungstechnisch eingehalten werden müssen. Ihre Einteilung erfolgt jedoch nicht nach Alkoholwerten ODER Stammwürzegraden – das wäre nicht „gewachsen" genug. Geht man überhaupt von der Kategorisierung nach „Stärke des Bieres" aus, dann wird im unteren Bereich (bei den alkoholärmeren Bieren) nach Volumsprozenten, also Alkoholgraden eingeteilt. Im oberen Bereich (bei den kräftigeren Bieren) geht der Codex nach Stammwürze. Das hat eine gewisse Logik. Denn man kann auf unterschiedliche Weise alkoholarme oder alkoholfreie Biere herstellen, unter anderem durch den Entzug von Alkohol. Darüber mehr im Kapitel „Biere mit geringerem Alkoholgehalt". Wirklich „frei" vom Alkohol ist übrigens gar kein Bier. Auch darüber mehr im erwähnten Kapitel.

Die Einteilung der Biere nach ihrem Gehalt (an Alkohol bzw. Stammwürze) ist nur ein Zugang. In einigen, vor allem internationalen Bierstilen ist die Schwankungsbreite dieses Gehaltes ziemlich groß. So sagt etwa die Kategorie „Vollbier" noch gar nichts über den Charakter eines Bieres aus. Sie bezeichnet jedoch eine rechtlich bindende Größenordnung der Werte (von–bis). In Österreich ist es für einige Bierstile relevant, in die Kategorie „Vollbier" zu fallen. Zur Verdeutlichung ein paar Beispiele.

Sowohl Lager als auch Märzen als auch Pils müssen zunächst einmal Vollbiere sein, also einen Stammwürzegrad von 11 bis 15,9 Grad Plato aufweisen. Märzen beziehungsweise Lager einerseits und Pils andererseits unterscheiden sich voneinander vor allem durch charakteristische Eigenschaften. Ein Pils ist definiert durch seinen schlanken (also nicht vollmundigen) Körper, durch seine helle Farbe, seine Klarheit beziehungsweise Transparenz und besonders durch seine intensive Hopfenblume. Gerade der Hopfen gibt dem Bier, sowohl von seinem Duft als auch von der durch ihn ins Bier gebrachten Bittere, den Pils-Charakter. Die rechtliche Seite dazu sieht so aus: Würde jemand ein Bier brauen, das um die 10 Grad Stammwürze hat, und es Pils nennen, so wäre die Verfehlung eindeutig.

Braut jemand aber ein Vollbier (also mit gut 11 Grad oder mehr), hopft es schwach oder verwendet Malze, die es in einem dunkleren Gold leuchten lassen, so ist das „nur" wider die guten Sitten. Erst dann, wenn Brauweise und Bezeichnung einander deutlich widersprechen (also vielleicht 10 Bittereinheiten bei einem Pils), kann von unlauterem Wettbewerb gesprochen werden.

## Biersorten nach dem Codex

AUFSTEIGEND NACH STAMMWÜRZE ODER ALKOHOLGEHALT

| Sorte | Stammwürze in Grad | Alkoholgehalt in % Vol. |
|---|---|---|
| Alkoholfreies Bier | | < 0,5 |
| Alkoholarmes Bier | | < 1,9 |
| Leichtbier | | < 3,7 |
| Schankbier | 9 bis 10,9 | |
| Vollbier | 11 bis 15,9 | |
| Spezial | > 12,5 | |
| Stark- und Bockbier | > 16 | |

## Weitere Bezeichnungen

NEBEN DEN OBEN ANGEFÜHRTEN SACHBEZEICHNUNGEN KÖNNEN IN ÖSTERREICH GEBRÄUCHLICHE, SPEZIFISCHE TYPENBEZEICHNUNGEN VERWENDET WERDEN.

- *Biere mit einem Stammwürzegehalt von mindestens 12,5 Grad können auch als Spezial(biere) bezeichnet werden.*
- *Als Lager- bzw. Märzenbier wird ein ausgewogen malziges, mild hopfenbitteres untergäriges Vollbier bezeichnet.*
- *Mit Pils, auch in Wortverbindungen, bezeichnete Biere sind hellfärbig und im Wesentlichen stärker gehopfte, untergärige Vollbiere*
- *Die Verwendung von (Fantasie-)Bezeichnungen, wie zum Beispiel Export, Fest- oder Jubiläumsbier, ist neben der entsprechenden Sachbezeichnung möglich.*

# Ausstoßzahlen in Österreich

Folgende Trends lassen sich feststellen: Radler und alkoholfreie Biere legen stark zu, die Mittelgewichte Leicht- und Schankbier verlieren. Weizen ist in Österreich noch immer recht schwach und legt ebenfalls ein wenig zu. Das Märzen/Lager gewinnt nach wie vor, legt also auf die hohe Menge noch drauf. Kräftigere Biere und Pils verlieren.

*Abfüllung*

Schlägl Brauerei

## 24 Euro pro Hektoliter ›› Die steuerliche Belastung von Bier

### ENORM HOCH, AUCH IM INTERNATIONALEN VERGLEICH:

Österreichs Brauereien gewinnen am Markt. Zumal im Vergleich mit der deutschen Bierlandschaft. Und das trotz erheblicher Erschwernisse durch die hierzulande ziemlich hohe Biersteuer. Je Hektoliter Bier fallen bei unseren Nachbarn 9,44 Euro an. In Österreich sind für dieselbe Menge 24 Euro fällig. Das ist fast die dreifache steuerliche Belastung. Im Schnitt auf eine Kiste Bier umgerechnet wird diese allein aufgrund der steuerlichen Differenz um 2 Euro teurer. Weinsteuer gibt es gar keine.

Eine überaus unsoziale Politik, denn das Bier ist und bleibt ein von vielen konsumiertes Lebensmittel. Bier ist ein köstliches, vielfältiges Getränk, das es in zahlreichen Varianten gibt. Aber daneben ist es seit sehr langer Zeit ein Genuss, der für alle Menschen leistbar ist – und bleiben muss.

| | 2006 | 2007 | Veränderung | |
|---|---|---|---|---|
| | hl | hl | + - hl | + - % |
| Leichtbier | 18.804 | 16.517 | -2.287 | -12,2% |
| Schankbier | 495.868 | 455.838 | -40.030 | -8,1% |
| Lager/Märzen | 5.287.659 | 5.362.856 | 75.197 | 1,4% |
| Pils | 367.0 22 | 352.562 | -14.460 | -3,9% |
| Weizen | 119.106 | 121.014 | 1.908 | 1,6% |
| Spezial | 395.763 | 384.333 | -11.430 | -2,9% |
| Vollbier insgesamt | 1.391.108 | 1.365.909 | -25.199 | -1,8% |
| Bockbier | 21.643 | 20.173 | -1.470 | -6,8% |
| Radler mit Alkohol | 245.173 | 278.179 | 33.006 | 13,5% |
| Radler, alkoholfrei | 7.120 | 6.274 | -846 | -11,9% |
| Alkoholfreies Bier | 126.692 | 132.209 | 5.517 | 4,4% |

Bier ist ein köstliches, vielfältiges Getränk,
das viele Extravarianzen kennt.

Aber daneben ist es seit sehr langer Zeit ein Genuss,
der für alle Menschen leistbar ist – und bleiben muss.

# Besondere Biere aus Österreich

*Eine exklusive Auswahl von 19 Bierspezialitäten*

## Zipfer Urtyp Medium

*Marke: Zipfer*
*Brauerei: Zipfer*
*Bundesland: Oberösterreich*
*Braumeister: Günther Seeleitner*
*Bierstil: Schankbier (Leichtbier)*
*Stammwürze: 9,5 Grad Plato*
*Alkohol: 3,0% Vol.*
*Farbe: 5,5 EBC*

### SENSORISCHE BESCHREIBUNG

Helles Gelb, glanzfein. Erfrischender Duft, bei dem die Hopfennoten überwiegen. Rezenter Antrunk, das Bier kommt wie eine erlösende Brise an einem heißen Sommertag daher. Schlank und klar, aber keineswegs dünn. Guter Nachtrunk, der noch einmal zeigt, was im Naturhopfen steckt. Ein perfektes Sommerbier. Leicht und erfrischend.

### WAS MACHT DIESES BIER SO BESONDERS?

Der Bierstil zwischen alkoholfrei und Vollbier wird immer wichtiger. Zipfer Urtyp gilt als eine der bedeutendsten Biermarken des Landes. Mit dem Medium als leichtem Schankbier wurde unter diesem Markendach ein Produkt kreiert, das schon von der Bezeichnung her Qualität verspricht und auf hohe Braukunst aufbauend zeigt, dass sich wenig Alkohol und voller Biergeschmack gegenseitig nicht ausschließen. Die Brauerei in Zipf gehört zu den ganz wenigen großen Brauerein dieser Welt, die ausschließlich mit Naturhopfen (keine Pellets, keine Extrakte) brauen. Zipfer Biere sind extrahell.

## Stiegl Goldbräu

*Marke: Stiegl*
*Brauerei: Stieglbrauerei zu Salzburg*
*Bundesland: Salzburg*
*Braumeister: Ernst Schreiner*
*Bierstil: Märzen*
*Stammwürze: 12 Grad Plato*
*Alkohol: 4,9% Vol.*
*Farbe: 8 EBC*

### SENSORISCHE BESCHREIBUNG

Die Farbe macht dem Namen alle Ehre: Leuchtendes Gold, glanzfein. Harmonisch im Duft, man riecht die kräftige Stammwürze. Dazu gesellen sich vielschichtige Hopfennoten. Im Antrunk Rezenz mit feinnervigen Strukturen. Am Gaumen sehr geschmeidig. Im langen Nachtrunk verspüren wir zuerst würzige Malznoten und schließlich kräftige Hopfenbittere. Ein ausgezeichnetes Märzen.

### WAS MACHT DIESES BIER SO BESONDERS?

Das Stiegl Goldbräu ist das – mit Abstand – beliebteste Flaschenbier Österreichs. Insgesamt trinken Frau und Herr Österreicher jedes Jahr rund 160 Millionen Flaschen bzw. Krügel Stiegl Goldbräu. Es wird betont im Zweimaischverfahren gebraut. Stiegl hält trotz niedrigerer Schwellenwerte bewusst an ihrer Politik „12 Grad Stammwürze" fest. Seit Jahren honoriert das Publikum das Qualitätsstreben der Salzburger Brauerei.

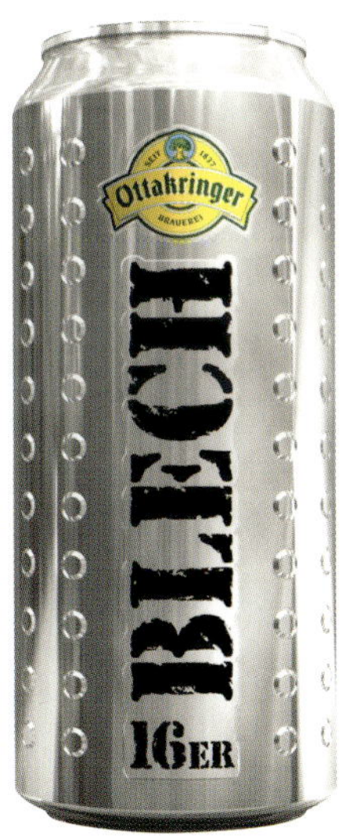


## Ottakringer Sechzehner Blech

*Marke: Ottakringer*
*Brauerei: Ottakringer Brauerei AG*
*Bundesland: Wien*
*Braumeister: Andreas Rosa*
*Bierstil: Wiener Typ*
*Stammwürze: 12,8 Grad Plato*
*Alkohol: 5,4% Vol.*
*Farbe: 16–20 EBC*

### SENSORISCHE BESCHREIBUNG

Eine Freude, diese Farbe: leuchtendes Berstein mit hellen Reflexen. Im Duft malzige Noten mit einem Hauch Karamell. Rezenter Antrunk, Druck am Gaumen. Das Bier hat eine gute Länge, wirkt im Nachtrunk harmonisch zum Abschluss macht sich der Hopfen bemerkbar.

### WAS MACHT DIESES BIER SO BESONDERS?

Der fast in Vergessenheit geratene „Wiener Typ" gibt mit dem ausschließlich in der Dose erhältlichen Markenbier Sechzehnerblech ein kräftiges Lebenszeichen. Es zahlt sich aus, dieses Bier in ein Glas zu gießen und sich an Farbe, Duft und Mundgefühl zu erfreuen. 2 Karamellmalze sorgen für Farbe und Aroma, Hopfen aus der Hallertau und Mühlviertler Magnum für die feine Bittere.

## Murauer Hopfengold

*Marke: Murauer*
*Brauerei: 1. Obermurtaler Brauerei Gen.*
*Bundesland: Steiermark*
*Braumeister: Günter Kecht*
*Bierstil: Spezial*
*Stammwürze: 13,5 Grad Plato*
*Alkohol: 5,7% Vol.*
*Farbe: 12 EBC*

### SENSORISCHE BESCHREIBUNG

Im Duft changieren schöne Töne vom Malz und vor allem vom Hopfen. Rezenter Antrunk. Vollmundig und dicht, cremig am Gaumen. Noten von Aschantinüssen und reifen Früchten. Dazu bildet die feine, zugleich markante Bittere einen erfrischenden Kontrast. Langer, hopfiger Nachtrunk. Ein Erlebnis.

### WAS MACHT DIESES BIER SO BESONDERS?

Unter den guten Spezialbieren sticht das Murauer Hopfengold hervor, weil es nicht einfach nur „kräftig", sondern auch kräftig gehopft ist. Man könnte dafür sogar einen eigenen Bierstil definieren: „Spezial-Pils". Während bei vielen Bieren der kräftigen Art die malzigen Noten im Vordergrund stehen, wird beim Hopfengold auf Ausgewogenheit zwischen Hopfen und Malz geachtet – nur eben auf höherem Niveau.

## Schremser Bio Roggen

*Marke: Schremser*
*Brauerei: Privatbrauerei Karl Th. Trojan*
*Bundesland: Niederösterreich*
*Braumeister: Karl Th. Trojan*
*Bierstil: Roggenbier*
*Stammwürze: 11,9 Grad Plato*
*Alkohol: 5,2% Vol.*
*Farbe: 20 EBC*

### SENSORISCHE BESCHREIBUNG

Das kupfern leuchtende Bier ist leicht naturtrüb. Frischer, sauberer Duft, fruchtig, aber nicht süßlich, auch nach Südfrüchten und Gewürznelke. Der Antrunk ist rezent und überaus erfrischend, gute Säure. Lebendig, sportlicher Körper. Der Nachtrunk ist sehr lange, fruchtig, angenehm trocken und wird von einer feinen Hopfenbittere begleitet. Ein ganz herausragender Biergenuss.

### WAS MACHT DIESES BIER SO BESONDERS?

Roggenbiere sind schwer zu brauen, weil die Maische aus Roggenmalz klebrig ist und Spelzen als natürlicher Filter fehlen. Karl Trojan hält deshalb seine Kniffe streng geheim. Aber alles bleibt ganz natürlich, denn das Schremser Roggen, das es seit September 2003 gab, wurde vor kurzem durch das Schremser Bio-Roggen abgelöst. Es gehört ohne Zweifel zu den allerbesten Bieren, die zurzeit erhältlich sind.

# Samichlaus (Bottled 2007)

*Marke: Eggenberg*
*Brauerei: Schloss Eggenberg*
*Bundesland: Oberösterreich*
*Braumeister: Thomas Lugmayr*
*Bierstil: Starkes Lagerbier*
*Stammwürze: 32 Grad Plato*
*Alkohol: 14,0% Vol.*
*Farbe: 40 EBC*

## SENSORISCHE BESCHREIBUNG

Eine Wonne schon beim Ansehen: fein glänzend, kastanienbraun. Facettenreiche Malzaromen, am Gaumen angenehm süß, leicht cremig, vollmundig, mit einem zarten, schokoladigen Mandelton. Der Braumeister empfiehlt, Samichlaus einige Zeit zu lagern, denn die reiferen Jahrgänge gewinnen an Komplexität und werden im Abgang wunderbar cremig-weich. Die Haltbarkeit dieses Biers liegt bei mindestens 10 Jahren.

## WAS MACHT DIESES BIER SO BESONDERS?

Eines der stärksten Lagerbiere der Welt wird in allen wichtigen Bier-Guides beschrieben. Es ist eine gesuchte Spezialität, die ausschließlich am 6. Dezember eingebraut wird. Samichlaus lagert 10 Monate, „Bottled 2008" bedeutet also, dass das Bier am 6.12.2007 gebraut wurde.

# Edelweiss Hofbräu

*Marke: Edelweiss*
*Brauerei: Hofbräu Kaltenhausen*
*Bundesland: Salzburg*
*Braumeister: Günther Seeleitner*
*Bierstil: Hefeweizenbier*
*Stammwürze: 11,8 Grad Plato*
*Alkohol: 4,5% Vol.*
*Farbe: 15 EBC*

## SENSORISCHE BESCHREIBUNG

Mittleres Bernstein, hefetrüb. Komplexe Nase aus röstigen, getreidigen und fruchtigen Noten und einem satten Ton, der an den guten Geruch von Kürbiskernöl erinnert. Angenehme Hefeblume. Rezenter Antrunk, griffig am Gaumen. Harmonisch weich und angenehm mit Röst- und Schokoladenoten. Im Abgang grasig erfrischend und mild.

## WAS MACHT DIESES BIER SO BESONDERS?

Unter Edelweiss, einer Marke der Brau Union, läuft das in Österreich beliebteste Weißbiersortiment mit einem Marktanteil von 42 Prozent und einem Bekanntheitsgrad von 71 Prozent. Das Hofbräu wurde erst im Februar 2009 von der DLG erneut ausgezeichnet, in unserem Blindtest erreichte es 3 Gläser („sehr gut").

## Schlägl Stifter Bier

*Marke: Schlägl*
*Brauerei: Stiftsbrauerei Schlägl*
*Braumeister: Reinhard Bayer*
*Bierstil: Obergäriges Vollbier*
*Stammwürze: 12,4 Grad Plato*
*Alkohol: 5,7% Vol.*
*Farbe: 23–25 EBC*

### SENSORISCHE BESCHREIBUNG

Bernstein mit roten Reflexen, glanzfein, schöne Perlage. Komplexer Duft, ähnlich jenem, der von einem Räucherstäbchen ausgeht (aber bei weitem nicht so kitschig). Dahinter reife Steinfrucht. Obergärig. Weich im Antrunk, geschmeidig am Gaumen. Weihevolle, zugleich heitere Noten. Zum Finale des leicht nussigen Abganges meldet sich fröhlich die Hopfenbittere.

### WAS MACHT DIESES BIER SO BESONDERS?

Heutzutage werden vor allem Weizenbiere (oder Roggenbiere und andere Nischenprodukte) obergärig eingebraut. Zu Adalbert Stifters Zeiten wurde hauptsächlich obergäriges Bier hergestellt. Ein aus Gerstenmalz hergestelltes obergäriges Vollbier ist also bereits eine Seltenheit. Das Stifter Bier ist aber nicht nur selten, sondern außergewöhnlich gut. Was wohl auch von der traditionellen Herstellung herrührt: Gärung bei 25 Grad Celsius im offenen Bottich; die Reifung erfolgt anschließend im kalten Lagerkeller. Die besondere Malzmischung sorgt für die schöne Farbe.

## Gösser Gold

*Marke: Gösser*
*Brauerei: Gösser*
*Bundesland: Steiermark*
*Braumeister: Andreas Werner*
*Bierstil: Premium-Bier*
*Stammwürze: 12,2 Grad Plato*
*Alkohol: 5,5% Vol.*
*Farbe: 7 EBC*
*Bitterwert: 25 EBU*

### SENSORISCHE BESCHREIBUNG

Leuchtendes Goldgelb. Harmonischer, einladender Duft, gute Balance zwischen weichen Malznoten und hocharomatischen Hopfen-Tönen. Rezenter Antrunk, mundfüllend, umami. Gut strukturiert. Der Abgang ist lange, weich und voll, im Finish machen sich noch einmal die Hopfennoten bemerkbar.

### WAS MACHT DIESES BIER SO BESONDERS?

Neben dem beliebtesten Bier Österreichs, dem Gösser Märzen, hat die Brauerei noch ein Vollbier im Programm. Mit einer feinen Hopfenmischung kommt Andreas Werner auf den stolzen Wert von 25 Bittereinheiten. (Es gibt Pilsbiere, die diesen Wert nicht erreichen.) Während im „Rest von Österreich" das Gösser Märzen als „Standardbier" der Brauerei offen ausgeschenkt wird, genießt man in der Steiermark ein Gösser Gold frisch vom Fass.

## Rieder Bier Weißbierbock

*Marke: Rieder Bier*
*Brauerei: Ried reg.Gen.mbH*
*Bundesland: Oberösterreich*
*Braumeister: Josef Niklas*
*Bierstil: Weizenbock*
*Stammwürze: 16,5 Grad Plato*
*Alkohol: 6,5% Vol.*
*Farbe: 8 EBC*

### SENSORISCHE BESCHREIBUNG

Mittleres Gelb, hefetrüb. Im Duft hocharomatisch mit einer hellen Frucht. Zart malzig und hefige Anklänge. Exotische Früchte, Zitrone. Weicher und zugleich rezenter Antrunk. Mundfüllend, umami, weich, gute Säure. Frische Tabaknote, ausgewogen balanciert. Der Nachtrunk ist lang und harmonisch und wärmt schön den Mund.

### WAS MACHT DIESES BIER SO BESONDERS?

Weizenböcke sind in Österreich so selten wie Braunbären, zum Glück aber nicht vom Aussterben bedroht. Dies wohl auch ob des Umstandes, dass Brauer wie Josef Niklas so etwas Exzellentes herstellen wie das gegenständliche Bier. Kein Wunder, dass die jährliche Auflage bald nach Erscheinen vergriffen ist.

## Hirter Morchl

*Marke: Hirter*
*Brauerei: Hirt GmbH*
*Bundesland: Kärnten*
*Braumeister: Raimund Linzer*
*Bierstil: Dunkles Bier*
*Stammwürze: 12,8 Grad Plato*
*Alkohol: 5,0% Vol.*
*Farbe: 80 EBC*

### SENSORISCHE BESCHREIBUNG

Wunderschöne Farbe. Das Bier leuchtet im transparenten Glas gegen das Licht gehalten intensiv rot. Der würzige Duft spielt zwischen malzigen und floralen Aromen, Kakao- und Zitrusnoten. Weicher, harmonischer, rezenter Antrunk, vollmundig, aber vor allem straff am Gaumen. Nicht süß! Röstaromen und Noten von Bitterschokolade im langen Nachtrunk. Ein großer Biergenuss.

### WAS MACHT DIESES BIER SO BESONDERS?

Das Hirter Morchel ist eines der besten dunklen Biere Österreichs, was auch unsere Blindverkostung ergeben hat. Es wird aus Gebirgsquellwasser mit einer deutschen Härte von weniger als 7 Grad (muss also nicht aufbereitet werden) und ohne färbende Zusätze gebraut. Weil es so gut ist, hat es auch einen verhältnismäßig großen Anteil am Ausstoß der Brauerei, nämlich 8 Prozent. Exporte u.a. nach Italien und in die USA.

# Schwechater Zwicklbock Jahrgang 08

*Marke: Schwechater*
*Brauerei: Schwechat*
*Bundesland: Niederösterreich*
*Braumeister: Andreas Urban*
*Bierstil: Zwicklbock*
*Stammwürze: 17,4 Grad Plato*
*Alkohol: 7,3% Vol.*
*Farbe: 15 EBC*

## SENSORISCHE BESCHREIBUNG

Der Schwechater Zwicklbock 2008 ist eine reine Freude. Man kann die festtägliche Kontemplation gut gebrauchen, um ihn richtig zu genießen. Denn schon das Auge wird vom satten und naturtrüben Goldgelb und einem stabilen, cremigen Schaum verwöhnt. Wenn wir dann endlich die Nase hineinstecken, kommen ihr reife Früchte entgegen: Mango, Sternfrucht, Hawaii-Ananas. Dem süßlich-festen Antrunk folgt am Gaumen genau das, was wir unter dem Begriff „Vollmundigkeit" verstehen. Die Fülle und Süße wird perfekt ausbalanciert durch vielschichtige Hopfennoten. Das Bier klingt sehr, sehr lange nach und glänzt trotz seiner enormen Kraft mit bester „Drinkability".

## WAS MACHT DIESES BIER SO BESONDERS?

Ein Bockbier naturbelassen und unfiltriert abzufüllen ist eine echte Rarität. Aber dieses Bier begeistert nicht nur den Sammler von Seltenheiten, sondern auch den Jäger der hervorragenden Qualitäten.

# einhundert.be

*Marke: einhundert.be*
*Brauerei: Vitzthum*
*Bundesland: Oberösterreich*
*Braumeister: Mathias Vitzthum*
*Bierstil: Bitterpils*
*Stammwürze: 12 Grad Plato*
*Alkohol: 5,0% Vol.*
*Farbe: 5 EBC*

## SENSORISCHE BESCHREIBUNG

Markant, metallisch, sehr trocken, außergewöhnlich. Die Alternative zu Campari & Co. Ist ein vorzüglicher Aperitif

## WAS MACHT DIESES BIER SO BESONDERS?

Mit 100 Bittereinheiten ist dieses Bier wohl das Bitterste. Beim Brauen wird der intensive Hopfeneinsatz so genutzt, dass seine Bitterstoffe (Alphasäuren) im Bier verbleiben, die blumigen Aromen jedoch nicht. Hopfenöle wie Linaloöl werden intensiv ausgedampft, die Würze lange gekocht, damit die Bitterstoffe nahezu vollständig isomerisiert werden – damit nimmt ihr Gehalt stark zu und geht beim Gären nicht wieder verloren.

# Reininghaus Jahrgangspils 2008

*Marke: Reininghaus*
*Bundesland: Steiermark*
*Braumeister: Andreas Werner*
*Bierstil: Pils*
*Stammwürze: 11,3 Grad Plato*
*Alkohol: 4,8% Vol.*
*Farbe: 5 EBC*

## SENSORISCHE BESCHREIBUNG

In der Nase abgerundete Getreidenoten, das Bier zeigt schon im Duft Noblesse. Im Antrunk frisch mit strahlender Eleganz; Blüten, grasige Noten. Im Nachtrunk kommt die Bittere dezent, das Pils wirkt harmonisch, weniger „schlank" als „athletisch". Sehr lange, sehr ausgewogen, ein großes Bier.

## WAS MACHT DIESES BIER SO BESONDERS?

Mit dem Reininghaus Jahrgangspils wurde zum ersten Mal dem Umstand Rechnung getragen, dass Hopfen eine sensible Kulturpflanze ist. Die Qualität der weiblichen Dolden ist vom Terroir und vom Jahrgang abhängig. Der Witterungsverlauf bis zur Ernte des Hopfens bestimmt die Zusammensetzung seiner – für das Bier wichtigen – Inhalte wie zum Beispiel Bitterstoffe oder Hopfenöle. Mittlerweile gibt es 8 Jahrgänge dieses Bieres. Der Hopfen kommt aus Leutschach und ist von der Sorte Celea.

# Kapsreiter Stadtbräu

*Marke: Kapsreiter*
*Brauerei: Kapsreiter GmbH*
*Bundesland: Oberösterreich*
*Braumeister: Thomas Ertl*
*Bierstil: Vollbier*
*Stammwürze: 12,3 Grad Plato*
*Alkohol: 4,9% Vol.*
*Farbe: 13 EBC*

## SENSORISCHE BESCHREIBUNG

Satte, goldgelbe Farbe, feinporiger fester Schaum. Im Duft eine angenehm malzige Note, unterlegt von zarten Röstaromen. Abgerundete Hopfenbittere mit schöner Länge am Gaumen. Dort ziemlich geschmeidig und eine gehörige Portion umami. Walnuss-Töne kommen zum Vorschein. Der lange, weiche Abgang wird durch Hopfennoten und schöne, teilweise erneut nussige, Aromen bereichert.

## WAS MACHT DIESES BIER SO BESONDERS?

Die Vorderwürze ist der wertvollste Teil der Würze – nämlich jener, die ohne „Nachguss" abgeläutert werden kann. Ins Allgemeinverständliche übersetzt bedeutet das: Nachdem der erste Teil der Bierherstellung, bei dem das Malz geweicht und erhitzt wird (maischen) abgeschlossen ist, fließt die junge Flüssigkeit „von selber" ab. Üblicherweise werden nach dem Versiegen des ersten Gusses noch nicht gelöste Inhaltsstoffe mittels Wasser aus der Rest-Maische herausgelöst („Anschwänzen"). Die so entstehende Würze heißt „Nachguss" und wird meist mit der Vorderwürze gemeinsam vergoren. Nicht so beim Stadtbräu, für dessen Produktion ausschließlich Vorderwürze verwendet wird.

# Zillertal Bier Schwarzes Premium Classe

*Marke: Zillertal Bier*
*Brauerei: Zillertal Bier GmbH*
*Bundesland: Tirol*
*Braumeister: Peter Kaufmann*
*Bierstil: Schwarzbier*
*Stammwürze: 12,0 Grad Plato*
*Alkohol: 5,2% Vol.*
*Farbe: 60 EBC*

## SENSORISCHE BESCHREIBUNG

Dunkles Braun mit roten Reflexen. Sehr angenehmer Duft, der an eingekochte rote Beeren erinnert (etwa an die argentinische Berberitzenart Calafate). Rezent-vollmundiger Antrunk, dort Noten von frischem, reinem Lebkuchen (Nürnberger Elisen). Ein bunter Strauß an Aromen auf dem Gaumen. Im schönen Abgang spielen all diese Aromen noch einmal auf. Aufregend!

## WAS MACHT DIESES BIER SO BESONDERS?

Schwarzbier ist ein deutlich anderer Bierstil als etwa dunkles Bier und als solcher in Österreich sehr selten. Zillertal Bier hat sein Schwarzes Premium Classe 1996 eingeführt, nach unseren Recherchen ist es zurzeit das einzige ganzjährig angebotene Schwarzbier Österreichs.

# Mohrenbräu Kellerbier

*Marke: Mohrenbräu*
*Brauerei: Mohrenbrauerei August Huber*
*Bundesland: Vorarlberg*
*Braumeister: Ralf Freitag*
*Bierstil: Spezialbier, unfiltriert*
*Stammwürze: 12,8 Grad Plato*
*Alkohol: 5,7% Vol.*
*Farbe: 16 EBC*

## SENSORISCHE BESCHREIBUNG

Bernstein mit festem, feinem Schaum. Hocharomatisch, leicht malzig im Antrunk und angenehm füllig am Gaumen. Der Nachtrunk ist abgerundet und sanft, mit einem eleganten Finale aus Hopfenbittere.

## WAS MACHT DIESES BIER SO BESONDERS?

Die Kombination zweier Bierstile – Zwickl und Spezial – ist sehr gelungen. Dafür sorgt auch das Festhalten an der bewährten Produktionsmethode: kalte Gärung, sorgfältige Reifung, lange Lagerung. Unfiltriert und somit naturbelassen wird es auf attraktive 0,33-Bügelverschluss-Flaschen gezogen.

# Trumer Diamond

*Marke: Trumer*
*Brauerei: Trumer Privatbrauerei*
*Bundesland: Salzburg*
*Braumeister: Axel Kiesbye*
*Bierstil: Kreativbier*
*Stammwürze: 14,7 Grad Plato*
*Alkohol: 6,5% Vol.*
*Farbe: 8 EBC*

## SENSORISCHE BESCHREIBUNG

Strahlendes Goldgelb. Im Duft edel und intensiv zugleich, mit einer fruchtig-estrigen Note; hinzu treten feine Töne aus der Malzmischung. Das feingliedrige Mousseux bildet einen guten Kontrapunkt zur Weichheit des Körpers. Der Antrunk ist rezent, das Mundgefühl befriedigend. Auch der Abgang ist lange und bietet neue Überraschungen. Ein außergewöhnliches Bier.

## WAS MACHT DIESES BIER SO BESONDERS?

Mit Trumer Diamond ist es Axel Kiesbye geglückt, ein formidables Bier für eine exklusive Konsumnische zu brauen. Die erste Auflage von 25.000 Flaschen war innerhalb kürzester Zeit vergriffen, obwohl das Bier einen ihm angemessenen Preis von um die 15 Euro hatte. Es wurde vor allem mit Hinblick auf längere Lagerfähigkeit eingebraut, der Braumeister ist schließlich auch Spezialist für die richtige Konzeption von Bierkellern.

# Freistädter Rauchbier

*Marke: Freistädter Bier*
*Brauerei: Braucommune in Freistadt*
*Bundesland: Oberösterreich*
*Braumeister: Richard Grasmück*
*Bierstil: Rauchbier*
*Stammwürze: 12,3 Grad Plato*
*Alkohol: 5,3% Vol.*
*Farbe: 14 EBC*

## SENSORISCHE BESCHREIBUNG

Helles Bernstein, naturtrüb. Feinporiger, weicher Schaum. Dezenter, frischer Duft mit einer ganz zarten Rauchnote. Rezenter, feingliedriger Antrunk mit Kraft und Druck. Langer Nachtrunk mit einer schönen Hopfenbittere. Insgesamt wirkt das Bier, zumal für ein Rauchbier, überaus elegant und schmeckt keinesfalls „geselcht".

## WAS MACHT DIESES BIER SO BESONDERS?

Rauchbier ist eine wunderbare Spezies in der Gattung der Biere. Ihr Hauptvorkommen ist die fränkische Weltkulturerbe-Stadt Bamberg. Was für ein Glück, dass sich eine österreichische Brauerei – noch dazu eine so gute wie die Braucommune in Freistadt – dazu entschieden hat, endlich ein Rauchbier ins Stammsortiment aufzunehmen.

# Vom Reinheitsgebot

## *zum Gentechnik-Moratorium*

Der größte Teil des in Österreich produzierten Biers ist industriell hergestellt. Aber auch diese Biere sind reine Naturprodukte. Das bezieht sich auf die Rohstoffe und auf die Verarbeitung. Die Rohstoffe liegen am Standort vor (Brauwasser), werden landwirtschaftlich erzeugt (Braugetreide, Hopfen) oder in der Brauerei sorgsam gewonnen (Bierhefe). Auch in der Mälzerei (Erzeugung von Braumalz aus der Braugerste) wird naturnah gearbeitet.

Von anderen Rohstoffen, wie sie etwa in Kreativbieren eingesetzt werden, wird an anderer Stelle die Rede sein. Auch diese zusätzlichen Rohstoffe sind Naturprodukte, etwa Kräuter oder Früchte.

Hier sprechen wir von jenen Zutaten, die im „Reinheitsgebot" vorkommen: Hopfen, Wasser und Malz. Deshalb fragen wir uns zunächst: „Was ist das überhaupt, das „Reinheitsgebot"?

## Das Reinheitsgebot

IST VOR ALLEM EIN STARKER BEGRIFF. Gerade auf jene, die keine Ahnung davon haben, was genau darunter zu verstehen ist, macht das Wort großen Eindruck. Es ist ein Kompositum aus 2 starken Wörtern. „Reinheit" ist schlicht und klar und wirkt dennoch wie ein Superlativ. Als die Waschmittelwerbung einst den Slogan „Sauberer als rein" kreierte, wurde dies vom Publikum gefühlsmäßig sofort als werbliche Übertreibung ohne wirklichen Gehalt enttarnt. „Rein" ist eben etwas Absolutes. Umgelegt auf Bier: Es ist gut zu wissen, dass man eine „reine" Flüssigkeit zu sich nimmt.

*„Gebot" impliziert Autorität. Ein Gebot hat nur Sinn, als sich jemand, idealerweise alle, daran halten.*

In Österreich gilt kein Reinheitsgebot. Bei uns ist der „codex alimentarius austriacus" (auch einfach „codex" genannt) ausschlaggebend und verbindlich. Dennoch werden auch hierzulande einige Produkte mit „gebraut nach dem Reinheitsgebot von 1516" gekennzeichnet. Dies wohl deshalb, weil Reinheitsgebot vor allem ein starker Begriff ist.

## 1516 kannte man noch keine Hefe

Spricht man vom Reinheitsgebot, ohne eine Jahreszahl oder Herkunft hinzuzufügen, so ist meist jenes von 1516 gemeint. In diesem Reinheitsgebot sind jene Zutaten angeführt, die zum Brauen von Bier eingesetzt werden dürfen. Da es so alt ist, muss es bereits interpretiert werden. Denn am Anfang des 16. Jahrhunderts wusste man noch nicht über die Hefe Bescheid. Hefen waren einfach „da", ohne dass man ihre Existenz ahnte; die Wandlung des Zuckers zu Alkohol war ein Prozess der Natur, der angenommen, aber nicht im Detail verstanden wurde. Hefe wird demzufolge nicht im Reinheitsgebot von 1516 genannt.

## Die Münchener Brauordnung von 1551

war da bereits umfassender. Neben „Gerst, guetten hopffen und wasser" war da schon von „hepffen" und der „untergier" die Rede. Es gehörte also bereits zum Wissensstand der Brauer, dass die Würze nicht zufällig oder von Götterhand gesteuert in Gärung geht, sondern dass Hefen für diese Prozesse verantwortlich sind. Auch die Teilung in unter- und obergärige Hefen war offensichtlich bereits bekannt. Die Betonung der „untergier" zeigt, dass untergärige Biere beliebter waren, wohl auch wegen ihrer höheren Lagerfähigkeit.

## Eine Sache der Städte

Dass man sich nach wie vor auf das Gebot von 1516 bezieht, hat wohl 2 Gründe: Erstens lag es recht klar und verständlich abgefasst vor und zweitens war es das erste landesweite (bayerische) Reinheitsgebot. Zuvor lagen Brauordnungen in der Kompetenz der Städte.

*Es gibt also nicht nur ein einziges derartiges Gebot, und das von 1516 ist auch nicht das älteste.*

## Die Statuta Thaberna aus 1434

ZU DEN ÄLTEREN REINHEITSGEBOTEN ZÄHLT ETWA DIE „STATUTA THABERNA" DER THÜRINGISCHEN STADT WEISSENSEE. Sie stammt aus dem Jahr 1434 und regelt nicht nur die Art der Zutaten: „Es sollen auch nicht in das Bier weder Harz noch keinerlei andere Ungeferck", sondern teilweise auch deren Menge. Und sogar Sanktionen für die Nichtbeachtung sind darin bereits angeführt.

## Haluzinogene Stoffe und andere Gifte

WOZU ÜBERHAUPT EIN REINHEITSGEBOT? Vor hormonellen oder gar gentechnischen Eingriffen musste man im 15. und 16. Jahrhundert ganz gewiss keine Angst haben. Dafür haben anno dazumal ganz andere Angriffe auf die Güte des Biers bzw. Gesundheit des Biertrinkers stattgefunden. Zuerst muss man sich über die hygienischen Verhältnisse dieser Zeit klar werden. Wenn man bedenkt, dass peinliche Sauberkeit die Grundlage für ein gutes Bier ist, kann man sich vorstellen, mit welchem Gebräu man es damals zu tun hatte. Aber „Sauberer als rein" war nicht der Anspruch der Reinheitsgebote. Da ging es vor allem darum, dass den Bieren allerlei halluzinogene Stoffe zugefügt wurden. Die Wirkung des im Bier enthaltenen Alkohols war immer schon von Bedeutung. Um die Berauschung zu beschleunigen oder zu intensivieren, wurde gepantscht, was das Zeug hielt – unter anderem auch, um Produktionskosten zu sparen und eine müde Plempe mit teuflischen Kräutern „wirkungsvoll" zu machen.

Da wundert einen die Ratsverordnung der Bischofsstadt Eichstätt im Donautal aus dem Jahr 1507 nicht mehr. Darin wird den Brauern verboten „alle diese den Kopf toll machenden Kräuter" in das Bier zu mischen. Als Bierwürzen blieben nach dieser Verordnung lediglich Kümmel, Wacholder und Salz – in Maßen – erlaubt.

*„Damals"*

Grieskirchner Brauerei

## Pir-Beschauer und Sitzproben

EINER VERORDNUNG, DIE NICHT KONTROLLIERT WIRD, WAR ZU KEINER ZEIT ERFOLG BESCHIEDEN.

Also gab es bereits im 16. Jahrhundert das Berufsbild des „Pir-Beschauers". Diesen Leuten wird es wohl ähnlich ergangen sein wie jenen, die heute mit der Verkostung von Genussmitteln befasst sind. Allerdings: Selbst die wildeste Verkostung gegenwärtig gebrauter Biere (und da glänzt auch nicht alles, was gülden aus dem Glase lacht) ist ganz gewiss harmlos im Vergleich zu dem, was so ein Pir-Beschauer ertragen musste.

Damit sind nicht die strengen Vorschriften gemeint. Obwohl: Beschauer durften am Abend vor einem Arbeitstag weder Wein noch Bier zu sich nehmen. Während des Prüfungstages durften sie nichts essen oder trinken, was ihre Geschmacksnerven irritieren hätte können: Gepökeltes war genauso verboten wie allzu Süßes oder Kautabak. Apropos: Rauchen war ebenfalls untersagt. Derlei Einschränkungen waren gewiss leicht hinzunehmen. Aber die zu verkostenden Proben stellten für die Kollegen von seinerzeit nicht selten eine schwere Attacke auf ihre Gesundheit dar.

## Blicke zu den Nachbarn

Beim Kapitel über das Reinheitsgebot ist es unabdingbar, in die Geschichte unserer deutschen Nachbarn zu blicken, denn die überlieferten Quellen sind dort deutlich ergiebiger. Und letztlich wurzelt auch unser Codex in deutschen Reinheitsgeboten.

Im Jahr 1447 beauftragten die Regensburger ihren Stadtarzt mit der regelmäßigen Kontrolle des in der Stadt gebrauten Biers. Vor allem sollte er darauf achten, welche Zutaten beim Brauprozess Verwendung fanden. Die vielleicht berauschenden, aber nicht gerade erbaulichen Erfahrungen des Stadtmedicus führten zu einer neuen Brauordnung. Nach dieser mussten die Brauer beschwören, ihrem Bier „weder Samen noch Gewürz oder Gestrüpp" zuzusetzen. Auch der Verkauf des dünnen Glattwassers – das ist der letzte Absud aus den Maischeresten – wurde untersagt.

## Die Bernauer Sitzprobe

DIE VIELLEICHT ORIGINELLSTE, WENN AUCH NUR BEDINGT AUSSAGEKRÄFTIGE PRÜFMETHODE WURDE IM 16. JAHRHUNDERT IN DER STADT BERNAU BEI BERLIN GEPFLOGEN.

3 hohe Herren besuchten in gelben Lederhosen das Brauhaus. Der Marktmeister goss einen Krug Bier über eine Bank, der Vogt verteilte es, dann nahm man Platz. 2 Stunden blieb man sitzen. Dann sprangen die 3 Prüfer auf ein Kommando gleichzeitig auf. Nur wenn die Bank „mitging" – weil sie an den Hosen kleben blieb –, hatte der Brauer die Prüfung bestanden. Denn nur dann, wenn genügend Malz im Bier war, blieb die Bank an den Hosenböden picken. In anderen Städten wurden ähnliche Prüfungen durchgeführt. In Augsburg fand ein kleinerer Test statt: Ein einziger Prüfer begnügte sich mit einem Hocker.

## Kreative Strafgestaltung

Auch bei der Gestaltung der Strafen ging man damals durchaus kreativ zu Werke. Nach der Statuta Thaberna mussten Panscher 2 Mark bezahlen und die Stadt für 4 Wochen räumen. Schlechtes, aber gerade noch trinkbares Bier wurde in Nürnberg so geahndet, dass vor der Schenke Stadtknechte postiert wurden. Die hatten dann dafür zu sorgen, dass der Wirt das Bier deutlich billiger verkaufen musste. Der schwerere wirtschaftliche Schaden entstand den ertappten Brauern aber dadurch, dass sie die Stadtknechte für die Zeit der Amtshandlung bezahlen mussten. Das führte dazu, dass so mancher Panscher sein Bier lieber gleich wegschüttete oder ganz billig verschleuderte. Besonders grausam war die Strafe, die der Senat der Stadt Regensburg verordnete, wenn ein ganz besonders grausliches Bier entdeckt worden war: Brauer und Wirte mussten das elende Gebräu unter Aufsicht selbst trinken.

## Das Österreichische Gentechnikmoratorium

Wie bereits eingangs erwähnt, ist der Begriff „Reinheitsgebot" an sich stark. Es ist eines der stärksten Marketingargumente der deutschen Brauer. Aber auch wenn der heimische Codex als Wortschöpfung nicht annähernd so einprägsam ist, haben wir unseren großen Nachbarn etwas voraus. Denn während etwa der Geschäftsführer des Deutschen Brauerbundes, angesprochen auf die Relevanz des Reinheitsgebotes für die Verwendung von gentechnisch manipulierten Rohstoffen, ausweichend reagierte: „Da steht nicht drin, dass das Naturhopfen sein muss oder Sommer- oder Wintergerste …", wurden diesbezüglich in Österreich längst klare Verhältnisse geschaffen. Hier haben die Brauereien bereits im Jahr 1996 zu diesem Thema eine Resolution verabschiedet. Darin wurde eine Selbstverpflichtung veröffentlicht, nach der in österreichischen Brauereien weder genmanipulierte Hefe noch Gen-Hopfen Verwendung finden dürfen.

*„Da steht nicht drin, dass das Naturhopfen sein muss oder Sommer- oder Wintergerste …"*

*Schleppe*
Brauerei

DAS REINHEITSGEBOT VON 1516 KANN HIER LOGISCHERWEISE NICHTS BIETEN. DENN GENAUSO WIE DIE – BEREITS EIN HALBES JAHRHUNDERT SPÄTER BEKANNTEN – HEFEN SEINERZEIT NOCH UNBEKANNT WAREN, KONNTE MAN DAMALS VON DESOXYRIBONUKLEINSÄURE ODER GENEN NOCH NICHT EINMAL TRÄUMEN.

## Österreichische Brauereien bekennen sich zum Naturprodukt

Der Verzicht auf die Verwendung gentechnisch veränderter Rohstoffe ist aus wirtschaftlicher Sicht keine leichte Entscheidung und ein klares Bekenntnis zum Bier als Naturprodukt. Ein paar Beispiele: In England wurden bereits erfolgreiche Brauversuche mit einer Hefe gemacht, in die ein Stück DNA eingeschleust wurde, das ihr ermöglicht, Stärke restlos zu Alkohol abzubauen. In einem dänischen Labor konnte mit gentechnisch manipulierten Bakterienkulturen das Enzym Maturex hergestellt werden. Es verkürzt die Reifezeit des Bieres erheblich. Ein mit Maturex behandeltes Bier kann etwa 3 Wochen früher in den Verkauf kommen als herkömmlich gebrautes.

Gewiss sind weitere überaus „wirtschaftliche" Entwicklungen in der Pipeline. Während der Deutsche Brauerbund zwar die Verwendung genmanipulierter Rohstoffe „in naher Zukunft" ausschließt (auch wenn das Gen-Moratorium der Europäischen Union fällt), bleibt die Position dennoch äußerst schwammig. „Als Brauerbund können wir den Brauereien nicht vorschreiben, ob sie gentechnisch veränderte Rohstoffe verwenden wollen. Das müssen die Brauereien für sich entscheiden."

Das Gentechnik-Moratorium der österreichischen Brauereien kann also gar nicht hoch genug geschätzt werden. Man wird ihm zukünftig wohl einen noch weit größeren Wert beimessen müssen als dem Reinheitsgebot von 1516. Zusammen mit dem Codex bildet das Moratorium eine Reinheitsgarantie, die die heimischen Brauer viel kostet, aber uns allen noch weit mehr bringt – großartiges und reines Bier aus Österreich.

*Zwettler*
Brauerei

# Österreich das Märzen bechert

Vor kurzem schlenderte ich in einem riesigen Wiederverkäufermarkt die beachtlichen Bierregale entlang. Dort sind neben den großen Brauereien auch einige mittelständische Anbieter gelistet. Betriebe, die respektable oder sogar ausgezeichnete Bierspezialitäten herstellen. Aber was reihte sich Kiste an Kiste? Märzen. Ich habe 17 verschiedene Märzenbiere gezählt.

DAMIT KEIN MISSVERSTÄNDNIS AUFKOMMT: MÄRZEN IST ALS BIERSTIL GENAUSO VIEL WERT WIE ANDERE STILE.

Sein Wesen ist zurzeit Mainstream – zurzeit. Deshalb versuchen gegenwärtig die meisten heimischen Brauereien mit ihrem Märzenbier den Alltagsgeschmack zu treffen.

*Märzen ist in Österreich „das Bier". Mit einem Marktanteil von rund 85 Prozent ist das helle, mild-hopfenbittere Bräu eindeutig die Lieblingssorte der ÖsterreicherInnen. Tendenz immer noch steigend. Ein Trend, der von vielen Anbietern durchaus gefördert wird. Schließlich wäre das Einheitsbier das wirtschaftlichste Bier ...*

Aber nur, wenn man kurzsichtig denkt. Was bei solchen Überlegungen außer Acht gelassen oder nicht hoch genug bewertet wird, ist die Tatsache, dass man mit Märzen keine zusätzlichen Märkte gewinnt. Denn mit Everybody's Darling landen wir genau dort, wo man Menschen sagen hört: „Ich mag kein Bier." Vielleicht aber meint ein großer Teil jener, die eine solche Behauptung äußern, damit: „Ich mag kein Märzen." Ich selbst habe diese Erfahrung immer wieder gemacht. Vor allem mit Frauen: „Ich mag kein Bier", oder, etwas milder: „Ich mag nur ganz selten ein Bier" bedeutet fast immer: „Ich mag kein Märzen." Pils ist in einer solchen Ablehnungshaltung nicht selten eingeschlossen, denn es ist erwiesen, dass Frauen – nicht alle, aber viele – die Bittere im Bier nicht mögen, besonders dann, wenn sie deutlich spürbar ist. Wer so empfindet, wird das kräftiger gehopfte Pils noch deutlicher von sich weisen. Aber es gibt ja abgerundete Hefeweißbiere mit deutlich niedrigeren Bitterwerten. Auch ein in geringer Dosis genossener Doppelbock – vielleicht zu einer Lagenschokolade – wird vielen Damen und Herren gewiss munden.

Da also der Mainstream das Wesen des Märzen ist, wird eine Brauerei mit einem Märzenbier, sei es auch noch so gut gebraut, kaum besonders auffallen. Ein gutes Märzen – und es gibt ganz köstliche – funktioniert genau so wie alle anderen Dinge des Alltags: Sie fallen erst auf, wenn sie nicht funktionieren. Im Falle des Märzen wäre das etwa ein Bierfehler. Aber kann man eine Bierkultur anstreben, die erst dann auf ihr Lieblingsgetränk hinsieht, wenn es einmal nicht so gut ist?

Also braucht jede Brauerei, die etwas auf sich hält, Biere, die abseits des Trampelpfades auf ihre Genießer warten. Je weiter weg vom „beaten track", desto besser. Mit solchen Spezialitäten sind selten großen Mengen zu machen. Aber die Dachmarke braucht solche Biere dringend, um zu glänzen und zu strahlen. Sagen wir es einmal so: Jede Brauerei, die auch Mengen produzieren will, muss ein gutes Märzen brauen. Berühmt wird man leichter mit anderen Bieren.

## Goldbräu, Urtyp und die anderen Märzenbiere

RISKIEREN WIR EINEN BLICK ZU UNSEREN NACHBARN. IN DEUTSCHLAND IST DAS PILS DAS BELIEBTESTE BIER.

Die unserem Märzen am nächsten kommenden deutschen Bierstile sind Lager oder Helles. Märzen hat in Deutschland nämlich eine andere Bedeutung: Während das alpenländische Märzen ein Vollbier, also etwa 4,8 bis 5% Vol. von hellgelber bis goldener Farbe ist, leuchtet das bayrische beziehungsweise deutsche Märzen bernsteinfarben aus dem Glas. Der Alkoholgehalt der deutschen Märzenbiere liegt etwas höher, nämlich bei 5,2 bis 5,6% Vol. Warum gerade dieser Bierstil ursprünglich auf ein österreichisches Bier zurückgeht, lesen Sie ab Seite 60.

Wer über österreichisches Märzen schreibt, kann am Stiegl Goldbräu nicht vorbei. Und wer will schon an einem Goldbräu vorbeigehen? Ernst Schreiner braut Österreichs beliebtestes Flaschenbier im Zweimaischverfahren. Er ist überzeugt – und der Erfolg des Goldbräu gibt ihm Recht –, dass gerade das „Mengenbier" besonders gut sein muss. So wird auch die Entscheidung verständlich, ein Bier, von dem jährlich viele hunderttausend Hektoliter die Braustatt zu Maxglan verlassen, in einem aufwändigeren Verfahren herzustellen.

Josef Weidinger, Braumeister bei Baumgartner, berichtet, dass sein Märzen im Jahr 2007 80 Prozent zum Gesamtausstoß beisteuerte. „Vor 30 Jahren waren es 60 Prozent." Das Spezialbier machte damals in der Schärdinger Mittelstandsbrauerei fast noch 40 Prozent aus. Bettina Rabitsch, Marketingchefin der Villacher Brauerei weiß: „Märzen wird auch aus Gewohnheit getrunken. Bestellt man ‚ein Bier', kommt meist ein Märzen. Fragt der Kellner nach, welches man haben will, wird häufiger auch etwas anderes konsumiert."

## Ist Flaschenbier besser als Dosenbier?

In einer von mir veranstalteten Blindverkostung lag das Raschhofer Märzen unter den Besten. Es liefert ein gutes Beispiel dafür, dass pfiffiges Design dann am besten wirkt, wenn auch das, was drin ist, mit dem kreativen Auftritt mithalten kann. Die Comicfigur Max ziert seit einigen Jahren die Raschhofer-Etiketten und treibt auch auf Sammelgläsern sein Wesen. Die Brau Union beherrscht mit einem Gesamt-Marktanteil von mehr als 50 Prozent die alpenländische Bierszene. In ihren Brauereien werden 7 unterschiedliche Märzenbiere produziert: Zipfer, Gösser, Schwechater, Schladminger, Puntigamer, Reininghaus und Kaiser. Die Marketinganstrengungen konzentrieren sich jedoch auf 2 Marken: Zipfer, als heimische Premium-Marke, und Gösser, als gute Marke für den täglichen Bedarf. Interessant ist, dass gerade das Zugpferd des Marktführers, das Zipfer Urtyp, keineswegs zu den Streamline-Produkten gehört, die Kanten und Ecken vermissen lassen. Im Gegenteil. Das Gösser Märzen gehört seit langem zu den beliebtesten Bieren der Alpenrepublik.

Fragt man Bierfreunde, was sie bevorzugen – Flaschenbier, Dosenbier oder Fassbier –, so gewinnt eindeutig das frisch gezapfte. Dosen haben das schlechteste Image. Blindtests haben jedoch ergeben, dass man nicht herauskosten kann, ob ein Bier aus der Dose, einer Flasche oder dem Fass kommt. Natürlich vorausgesetzt, dass dasselbe Bier mit gleicher Frische aus gleich gut eingeschenkten Gläsern angeboten wird. Wenn man das weiß, wundert es einen nicht mehr, dass auch das Schwechater aus der Dose bei der erwähnten Blindverkostung hervorragend abgeschnitten hat. Andreas Urban ist Braumeister der von ihm so genannten „Kleinbrauerei in der Nähe der Autobahn". Er trägt Verantwortung für das vom Burgenland bis Bregenz im Lebensmittelhandel gut erhältliche Bier. Es beweist, dass ein günstiger Preis nicht zwingend auf ein weniger wertvolles Produkt hinweist.

## Das wahre Mundl-Bier

„DAS SCHWECHATER" ERLANGTE IN DEN 1970ER JAHREN KULTCHARAKTER. Damals noch mit dem Alu-Aufriss ausgestattet, war es neben dem von Karl Merkatz gespielten Edmund „Mundl" Sackbauer ein Hauptdarsteller in der legendären Fernsehserie „Ein echter Wiener geht nicht unter". Auch wenn der Alu-Aufriss zeitgemäßen Verschlusssystemen weichen musste, ist und bleibt das Schwechater das „Mundl-Bier". Marketingtechnisch betrachtet, eine frühe, zugleich höchst erfolgreiche Form des Product Placements. Zugleich eine Festigung des Bierimages als, sagen wir es freundlich, Massenprodukt. Ich würde Bier, und da vor allem das Märzen, lieber als „alltagstauglich" einstufen. So ein guter Schluck hat einfach das Zeug dazu, den Tag zu verschönern. Jeden Tag.

Ebenso gut abgeschnitten hat in unserer Blindverkostung auch das Märzen aus der Braucommune Freistadt. Seine zwischen „floral" und „würzig" changierenden Aromen konnten ebenso überzeugen wie die dem Freistädter Märzen eigene Balance zwischen Malz- und Hopfennoten. Auch eine Bügelflasche wirkt kultig. Sie gehört zu den wesentlichen Merkmalen des Kapsreiter Landbier hell. Braumeister Thomas Ertl sieht natürlich keinen Grund, an der Rezeptur für das Leitprodukt der Brauerei etwas zu verändern. Seine Kundschaft liebt das Vollbier samt seiner charakteristischen Aufmachung. „Die Anmutung ist ein wichtiger Teil des Ganzen." Bier ist ein hoch emotionales Produkt. Für Menschen, die immer wieder dem Gerstensaft zusprechen, ist „ihr Bier" – in Österreich also fast immer „ihr Märzen"– ein Stück ihrer Identität. Diesem Gedanken kann auch Heinz Wasner beitreten. Er ist für das Brauen in Zwettl verantwortlich und bezeichnet das Zwettler Export Lager als „das Bier der Region". Er geht noch einen Schritt weiter. „Wenn man sich einen Waldviertler vorstellt, dann kann man sich unser Bier vorstellen." Unabdingbare Grundlage für diese Gleichung ist die Verwendung von Rohstoffen aus der Region. „Waldviertel pur" schwärmt Wasner. Das weiche Wasser vom Granit, Hopfen aus der Nähe und Malz, das größtenteils aus Gerste gewonnen wird, die auf Waldviertler Boden wuchs. „Das Zwettler ist der Geschmack des Waldviertels", sagt der Braumeister der 2008 300 Jahre jung gewordenen Privatbrauerei. Die herbe Frische wird vom Publikum sehr geschätzt. „Weiter unten, im Weinviertel, gleitet der Publikumsgeschmack schon mehr ins Süßliche ab."

Die bierige Mathematik kann vervollständigt werden: Bier ist Identität. Identität entsteht in hohem Maße in der Region – ein durch das Wirken der Europäischen Union stark aufgewerteter Begriff. Viele Märzenbiere sind regionsbezogene Produkte. Ein weiterer Schluss: Jene Märzenbiere, die sich in ganz Österreich durchgesetzt haben, mussten natürlich auch durch ihre Qualität überzeugen. Sie ist insgesamt ziemlich hoch, wie die Qualität der meisten heimischen Biere. Ohne diese Tatsache wäre die Steigerung des Pro-Kopf-Verbrauches kaum denkbar. Denn wir haben das Glück, dass bereits unsere Alltagsbiere auf hohem Niveau gegeneinander im täglichen Wettbewerb antreten. Es ist also kein Wunder, dass ganz Österreich das Märzen bechert.

# Pils

## *Bitter macht glücklich*

Pils ist zwar in Österreich nicht annähernd so beliebt wie in Deutschland. Dennoch zählt die herbe Freude zu den beliebtesten Bierstilen der Alpenrepublik. Was aber wird unter „Pils" subsumiert? Der Codex gibt nur ungenau an, was ein Pils sein soll: „Mit Pils – auch in Wortverbindungen – bezeichnete Biere sind hellfarbig und im Wesentlichen stärker gehopfte, untergärige Vollbiere." Die Stammwürze eines Pilsbieres muss laut Codex mindestens 11 Grad betragen. Michael Jackson – natürlich nicht der amerikanische Sänger, sondern der 2007 verstorbene britische Doyen des Bierjournalismus, meinte dazu: „Viele goldgelbe Lagerbiere tragen den Titel ‚Pilsner'. Aber diese Bezeichnung sollte wirklich hopfigen Bieren vorbehalten sein."

EIN POSTULAT, DAS MAN NUR VOLL UND GANZ UNTERSTÜTZEN KANN. IN ÖSTERREICH MUSS MAN SICH ABER OHNEHIN KAUM SORGEN MACHEN, DASS ETWA EIN HOPFIGERES MÄRZEN AUS MARKETINGTECHNISCHEN GRÜNDEN ZUM PILS UMBENANNT WERDEN KÖNNTE ...

Wie Jackson also zu Recht fordert, sollte die merkbare Hopfenblume und Bittere ein Pils ausmachen. Die Grundbedingungen sind klar: Ein Pils muss ein Vollbier sein, also mindestens 11 Grad Stammwürze aufweisen. Es muss mit einer untergärigen Hefe vergoren sein. So weit so klar. Apropos klar: Bei der Farbe sind Abweichungen unübersehbar. Denn ein echtes österreichisches Pils ist nach dem Codex hellfarbig: Helles Gelb, Zitronengelb, helles Gold kommen da in Frage, 4 bis 7 EBC (Farbeinheiten). Dunkleres Gold gilt eigentlich schon nicht mehr. Womit sich die österreichischen Pilsbiere ganz deutlich von jenen unserer nördlichen Nachbarn unterscheiden.

## Österreichisches und böhmisches Pils

Denn böhmisches Pils, etwa jenes aus Pilsen, ist meist von einer satteren Farbe: dunkles Gold oder noch kräftiger. Außerdem sollte der Charakter eines heimischen Pilsbieres sehr trocken, eher schlank und hopfenbetont sein. Böhmisches Pils hat einen molligeren, unter Umständen sogar süßlichen Körper. Auch im Duft unterscheiden sich tschechische und österreichische Pilsbiere. Ein alpenrepublikanisches Pils sollte keinesfalls „buttrig" riechen. Der Geruch nach frischer (nicht ranziger) Butter lässt auf Diacetyl im Bier schließen. Das ist zwar keineswegs ekelig und schon gar nicht gesundheitsgefährdend, aber schlicht und einfach ein „Off-Flavour" – so die Bezeichnung von Sommeliers und Testern für Fehlgeschmäcker im Bier. ››

## Kommt „Pils“ aus Pilsen?

›› Wolfgang Stempfl, seines Zeichens Leiter von Doemens, der vielleicht wichtigsten Ausbildungsstätte für Brauer, weiß in diesem Zusammenhang eine spannende Anekdote zu erzählen. Nicht zuletzt um Böhmens Bedeutung für die Geschmacksgeschichte Österreichs zu würdigen, sei sie hier festgehalten. Die große und bedeutende Brauerei Pilsner Urquell lagerte bis vor nicht allzu langer Zeit das Bier zur Reifung in großen Holzfässern, die in einem 9 Kilometer (!) langen unterirdischen Gang aufgestellt waren. Als die von den Braumeistern herbeigesehnte Modernisierung der Brauerei endlich durchgeführt wurde, baute man auch ein neues Bierlager. Selbstredend wurden lauter super-hygienische Edelstahltanks aufgestellt, alles voll klimatisiert. Die neue Brauerei wurde in Betrieb genommen und die international geschulten Brauer waren ganz glücklich: endlich ein Bier ohne „Fehlgeschmack“!

Sie erraten sicher längst die Fortsetzung der Geschichte: Das Stammpublikum lehnte das „saubere“ Bier schlichtweg ab. Der leicht buttrige Duft war ihnen so vertraut, dass sie auf ihn nicht verzichten wollten. So blieb den geplagten Braumeistern nichts anderes übrig, als den – gesundheitlich völlig unbedenklichen – Off-Flavour nachträglich ins Bier zu bringen. Allerdings wurde der Gehalt an Diacetyl schrittweise reduziert, sodass heute nur mehr ein Anflug dieser Note in einem frischen Urquell zu erriechen ist. Ohne die, würde sie ganz verschwinden, diesem böhmischen Pils tatsächlich etwas Wesentliches fehlen würde.

DAS „PILS“ ODER „PILSBIER“ AUCH „PILSENER“ HAT DIE SÜDBÖHMISCHE STADT PILSEN WELTBERÜHMT GEMACHT. Aber stammt es denn tatsächlich aus dieser Stadt? Die Beantwortung der Frage führt in die jüngere Vergangenheit. Denn zählen böhmische Biere heute zu den besten der Welt, wurde just in Pilsen noch Anfang des 19. Jahrhunderts nur dunkles, trübes, warm vergorenes Bier mit ziemlich schlechtem Ruf gebraut. Also holte man den bayrischen Braumeister Josef Groll nach Pilsen, um „denen Böhmen ein gutes Bier zu brauen“. Der erste Sud nach (Neu)Pilsner Art wurde am 5. Oktober 1842 eingebraut. Besonders die Berliner konnten sich rasch mit dem anfreunden, was da aus der Verbindung deutscher Braukunst und böhmischer Produkte aus dem Fass kam: Es wurde zu einem Modegetränk. Von dort aus trat das Bier „nach Pilsener Art“ seinen bis heute ungebrochenen Siegeszug durch ganz Deutschland an.

Eine andere Lesart behauptet, dass das Bilsenkraut dem Pils den Namen gab. Die Pflanze wurde vor Jahrhunderten dem Bier zugesetzt, um dessen berauschende Wirkung (kostengünstig) zu steigern. Dieses Kraut soll enormen Kater verursacht haben. Solche und ähnliche Panschereien hatten schließlich zum Erlass diverser Reinheitsgebote geführt (siehe Seite 28). Persönlich halte ich die erste Begründung für glaubwürdiger: die böhmische Stadt ist Namensgeberin des Pilsbiers.

# Österreichisches und deutsches Pils

SÜDDEUTSCHE UND ÖSTERREICHISCHE PILSBIERE SIND STILISTISCH KAUM VERSCHIEDEN.

Man kann sogar sagen, dass sie einen gemeinsamen Stil bilden. Sie unterscheiden sich leicht von den norddeutschen Pilsbieren, die noch schlanker, direkter und hopfiger sind (sein sollten). Vergleicht man zum einen norddeutsche, zum anderen österreichische beziehungsweise süddeutsche und zum dritten tschechische Pilsbiere, so liegen die österreichischen und süddeutschen zwischen den tschechischen und den norddeutschen – aber deutlich näher bei Letzteren.

*Wo das bessere Pils gebraut wird? Bei aller subjektiver Geschmacksprägung ergeben diverse Blindverkostungen, bei denen heimische und deutsche Pilsbiere vergleichend probiert wurden, doch ein recht harmonisches Bild: Heimische und deutsche Pilsbiere sind sich nicht nur stilistisch nahe, sondern liegen auch in der Qualität ziemlich gleichauf.*

Fast alle größeren Brauereien der Alpenrepublik bieten ein Pils an. Angesichts der hohen Qualität der meisten Pilsbiere überrascht es, dass der Pilsausstoß leicht rückläufig ist. Dabei weicht, unserer Wahrnehmung nach, zurzeit das Kantige dem Abgeschliffenen. Denn nicht nur die Menge geht zurück, auch der Hopfengehalt in den einzelnen Pilsbieren ist rückläufig, in Deutschland wie in Österreich. Ob die Hersteller nicht besser beraten wären, gerade in solchen Zeiten Rückgrat zu bewahren und vielleicht lieber von einem anderen Bier etwas mehr zu verkaufen, als das Pils schrittweise an das Märzen anzunähern? Wer die Bittere und oder den Hopfenduft nicht mag – auch viele Männer bevorzugen die geringer gehopften Biere –, wird ohnehin kein Pils mögen, auch wenn es anstelle von 32 nur mehr 28 BE hat. Womit wir bei einer bedeutenden Geschmackseinflussgröße gelandet sind: der Bittereinheit.

*Der Hopfen ist eine Heilpflanze und erzielt mittlerweile Apothekerpreise. Vielleicht verhilft ja gerade die Preisexplosion beim „grünen Gold" dem Pils auch in Österreich zu höherem Ansehen. Höhere Preise können die Qualitätsanmutung steigern, insbesondere dann, wenn die Produktqualität ausnehmend gut ist.*

*Die Bittereinheit*

Die Bittereinheit „BE" bezeichnet den Gehalt im Milligramm Bitterstoffen pro Hektoliter Bier.

*Mehr zum Thema „Bittereinheit" ab Seite 96.*

# Zwickel, Kübel- & Kellerbier

## *Die trübe Freude*

Zwickelbiere sind stark im Kommen. Ein durchaus erfreulicher Trend, denn Zwickel ist die Ausnahme – von der Regel, welche besagt, dass alles, was Spaß macht, ungesund oder verboten ist respektive dick macht. Der guten Figur ist ein Zwickel nämlich nicht mehr und nicht weniger abträglich als andere Vollbiere. Also etwa weit weniger als Wein oder gar Sekt. Es wurde sogar schon vom Arzt verschrieben, etwa als Therapie gegen Nierensteine.

## Zwickel ist besonders gesund

DASS BIER, NATÜRLICH VERANTWORTLICH UND MASSVOLL GENOSSEN, AN SICH EIN SEHR GESUNDES GETRÄNK IST, HABEN ZAHLREICHE STUDIEN BELEGT.
Es wirkt isotonisch besser als so manche Sportbrause, es enthält Vitamine, Mineralstoffe, Stoffe, die als Radikalfänger wirken und regt den Appetit an. Das gesündeste unter den gesunden Bieren ist aber das Zwickel. Weil es unfiltriert ausgeschenkt wird, enthält es noch zahlreiche Schwebstoffe. Daher ist es auch (natur)trüb. Diese Trubstoffe bestehen aus malzeigenen Eiweißteilchen und aus vitaminreichen Hefezellen. Zwickel schmeckt vollmundiger und zugleich frischer als filtriertes Bier.

## Zwickel hält nur kurze Zeit

DER EINZIGE NACHTEIL, DEN ZWICKEL GEGENÜBER ANDEREN BIEREN HAT, IST EINE VERGLEICHSWEISE KURZE HALTBARKEIT.
Genau dasselbe Bier, das filtriert 6 Monate lang gut haltbar ist, würde in seinem Status Nascendi als Zwickel ganze 10 Wochen unbeschadet überstehen. Die Filtration dient nämlich vor allem zur Haltbarmachung des Bieres, leichter verderbliche Stoffe verbleiben im Filter. Zudem ist der optische Effekt der Filtration – klare, transparente Biere – ebenfalls sehr erwünscht. Allerdings gilt natürlich auch für die Optik, dass Geschmäcker verschieden sind. So bekennen sich zahlreiche Bierfreunde zur Schönheit naturtrüber Biere. Wie auch immer: erfreulich ist, dass beides angeboten wird.

Doch nochmals retour zur kurzen Haltbarkeit. Ein Zwickel sollte möglichst frisch, längstens 10, besser aber 6 Wochen nach der Füllung genossen werden. Was logistisch eine besondere Herausforderung darstellt, ist markttechnisch durchaus ein Vorteil. Denn gerade die mit Zwickel verbundene Frische macht Lust darauf. Der man auch zu Hause frönen kann: denn neben vielen Brauereien, die ihr(e) Zwickelbiere ausschließlich als Fassware vertreiben, bieten einige erfreulicherweise Zwickelbiere auf Flaschen gezogen an.

Zwickl schmeckt nicht nur frisch, es braucht auch eine „frische" Behandlung. Auf eine gröbere Unterbrechung der Kühlkette würde es empfindlich reagieren. Es muss – noch mehr als alle anderen Biere – besonders vor Licht geschützt werden, denn die Trubstoffe verändern sich durch Lichteinfall: Die angenehm weiche, runde Charakteristik mutiert in Richtung unausgewogenem heftigerem Geschmack.

Die Notwendigkeit besonderer Zuwendung zeigt sich auch beim Antrunk: Fässer, die Zwickel enthalten, sollten „am Kopf stehend" gelagert und vor dem Anstich umgedreht werden. Denn erst dadurch werden die Schwebstoffe gleichmäßig verteilt.

# Woher das Wort „Zwickel" kommt

BIERBRAUEN IST EINE SEHR ALTE KUNST; LAGER- UND REIFEBEHÄLTER AUS METALL WERDEN NOCH GAR NICHT SO LANGE EINGESETZT.

Die Braumeister waren natürlich zu jeder Zeit daran interessiert, wie sich ihr Bier im Verlauf des Brauprozesses entwickelt. Was heute ein „Fitting", also etwa ein Hahn, am Stahltank oder Kupferkessel leistet, musste früher anders gelöst werden. Ein Holzkeil – auch heute noch als „Zwickel" bezeichnet – wurde in eine Fuge zwischen 2 Fassdauben getrieben, das Bier floss in einen Kübel, dann nahm man rasch den Zwickel wieder heraus und verschloss die Fuge. In Erinnerung an diese Tradition heißt das Fitting am Metallgefäß „Zwickelhahn". Ein Bier wird – etwa um zu kosten, wie es sich entwickelt oder ob es bereits fertig ist – über denselben „abgezwickelt". Daraus hat sich die Bezeichnung Zwickel (oder Zwickl) für Bier vor der Filtration entwickelt. „Zwickel" ist so zum Gattungsnamen für einen Bierstil geworden.

# Kellerbier

ES GIBT IN ÖSTERREICH NOCH EINIGE ANDERE BEZEICHNUNGEN, WELCHE DIE BIERE DIESES STILS BENENNEN.

Im schönen Ländle, Vorarlberg, ist bekanntlich einiges etwas anders als im Rest der Alpenrepublik. Die unfiltrierten Vollbiere heißen dort „Kellerbier". Auch das Flaggschiff der Brau Union, Zipfer, nennt sein Zwickel Kellerbier. Es wird ausschließlich regional vertrieben und nur als Fassware abgegeben.

Das Wort „Kellerbier" kommt daher, dass die unfiltrierten Biere einst, vor allem bei kleinen Brauereien, den Keller gar nicht erst verlassen haben – außer im Bauch des zufriedenen Biergenießers. Die frische Spezialität wurde gleich im Keller, oder daneben, im Biergarten oder in der Bierstube genossen. Nur die filtrierten Biere wurden in die Wirtshäuser der Nachbargemeinden exportiert.

Viele Klein- und Gasthausbrauereien brauen ausschließlich naturtrübe Biere. Einige besitzen gar keinen Bierfilter. Es ist das Privileg der Kleinen, auf solche Weise Kosten zu sparen. Die großen Brauereien haben lange Zeit gar kein Zwickel oder Kellerbier angeboten. Erst die steigende Nachfrage und der Fokus auf die gesunden Trubstoffe, gepaart mit den Möglichkeiten, gekühlt zu transportieren, haben auch die Großen dazu veranlasst, Zwickelbiere ins Sortiment aufzunehmen.

## Kübelbier

FRÜHER GALT DER GENUSS DES ZWICKELBIERES AUCH ALS PRIVILEG DER BRAUER. Das junge Bier hat den Brauburschen, genauso wie den Braumeistern, zur Brotzeit bestens gemundet. Weil es in den Kübel gezwickelt und so zum Tisch gebracht wurde, hieß es unter den Brauern auch „Kübelbier." Die kleine, aber überaus qualitätsvolle Brauerei Hofstetten (St. Martin im Mühlkreis) nennt ihr Zwickel auch heute noch „Kübelbier".

Anfangs war also das Zwickel einfach das Bier für den internen Gebrauch, das vor der Filtration abgezweigt wurde. Später wurden Zwickelbiere verkauft, welche die unfiltrierte Version eines Bieres waren, das auch als filtriertes Bräu in den Handel kam. Es gibt auch heute noch einige dieser Zwickelbiere. In den letzten Jahren sind aber immer mehr Zwickelbiere auf den Markt gekommen, die nur in dieser naturtrüben Variante verkauft werden. Manche Brauereien gestalten so Produkte, die sie ganz bewusst nur an die Gastronomie abgeben. Die Wirte sollen etwas Besonderes anbieten können – was sich der Gast nicht einfach auch zu Hause „aufmachen" kann.

***Nach meinem persönlichen Dafürhalten steht das Zwickel auch für Regionalität.***

*Es ist einfach schön, Biere am Ort des Entstehens oder in dessen Nähe zu genießen.*

*Ein gutes naturtrübes Bier aus der nahen Brauerei kann auch einen Wettbewerbsvorteil für die ihr Bier pflegenden Wirte darstellen.*

# Dunkles Bier

Die Vergangenheit des Bieres ist dunkel. Zu 90 Prozent, wenn man dieser Rechnung die gesamte Biergeschichte von rund 5.000 Jahren (manche Autoren sprechen von 7.000 Jahren und mehr) zugrunde legt. Helles Bier kann nämlich erst seit ein paar Jahrhunderten gebraut werden. (Siehe dazu das Kapitel Weißbier.) Die hellen Biere haben in dieser Zeit nicht nur aufgeholt, sie haben die dunklen weitgehend verdrängt. Vertauschte Rollen also: Heute werden helle Biere alltäglich getrunken und dunkle gehören zu den Spezialitäten. Ihre geringere Verbreitung liegt auch an einigen Vorurteilen.

VORURTEIL 1:

## *Dunkles Bier schmeckt (sehr) süß*

Tatsächlich gibt es das eine oder andere dunkle Bier, das süßen bis sehr süßen Charakter hat. Aber zwingend ist die Verbindung dunkel – süß nicht. Denn die Süße im Bier kommt im Wesentlichen von nicht vergorenen Kohlehydraten (Malzzuckern), die deshalb auch Restzucker genannt werden. Allein: Man kann auch dunkle Biere komplett vergären – und ein gut durchgegorenes Bier ist nicht süß, unabhängig von seiner dunklen oder hellen Farbe. Alexander Pöllner Matthias etwa braut ein hoch vergorenes Schnaitl Dunkel.

Im Allgemeinen sind dunkle Biere leichter im Alkoholgehalt. Weniger stark vergorene dunkle Biere haben einen Restextrakt-Gehalt von 3,5–4,5 Gewichtsprozent. Ihr vollmundiger, körperreicher Charakter entsteht auch durch ihren Gehalt an Stammwürze, der zumeist zwischen 12,8 und 14 Grad Plato liegt.

VORURTEIL 2:

## *Dunkles Bier macht dick*

Dieses Vorurteil hängt mit dem zuerst genannten zusammen. Doch selbst ein Bier mit einem hohen Restzuckergehalt hat nicht sehr viel mehr Kalorien wie helles Bier. Aber selbstverständlich gilt: Bier hat einen Nährwert, der im Übrigen auch von seinem Alkoholgehalt abhängt.

VORURTEIL 3:

## *Dunkles Bier ist nur etwas für Schwangere und stillende Mütter*

Dieses hartnäckige Präjudiz aus dem Mittelalter hat sich bis in die postmoderne Zeit herübergerettet. Damaliges, sehr niedrig vergorenes Malzbier wurde tatsächlich gerne an Schwangere und stillende Mütter verabreicht. Es hieß im Volksmund „Ammenbier" – eine „Nachrede", die der maskulin aufgeladenen Bewerbung manch heimischen dunklen Biers nicht gerade zum Vorteil gereichen würde.

# Farbmalz und färbende Zusätze

Vorweg gesagt: Wenn für die Herstellung eines österreichischen Bieres ein färbender Zusatz verwendet werden sollte, kann es sich dabei nur um einen völlig unbedenklichen und natürlich gewonnenen Stoff handeln.

## Sinamar ›› das Bier zum Färben

Die Bamberger Spezialitätenmälzerei Weyermann leistet da gerne Nachbarschaftshilfe. Zum Beispiel mit SINAMAR. Dieses Produkt ist selbst ein Bier. Es wird nach dem Reinheitsgebot von 1516 und ohne die Verwendung genmanipulierter Rohstoffe aus Gerstenröstmalz hergestellt. Dieses Bier ist nicht zum unmittelbaren Genuss bestimmt, sondern wird für die Herstellung anderer Biere bzw. zur Färbung anderer Lebensmittel, wie Brot oder Tee gebraut. Es wird bei niedrigen Temperaturen (maximal 70 Grad Celsius) unter Vakuum schonend aufkonzentriert. Wer einem Bier Farbe mittels dieses Bieres geben möchte, hält sich an folgende Rechnung: Pro EBC-Einheit mehr Farbe muss man einem Hektoliter Bier 14 Gramm SINAMAR beifügen.

## Farbe ausschließlich mittels Farbmalzen

Selbst wenn das eine durch und durch natürliche Maßnahme ist, um Bier zu färben, es gibt Braumeister, die lieber noch puristischer agieren. Wie etwa Raimund Linzer in Kärnten. Er verwendet für das Hirter Morchl Malze, die kräftig genug sind, dem Bier eine sehr dunkle Farbe zu geben. Die Hirter verkaufen auch anteilsmäßig ungewöhnlich viel dunkles Bier. Mit bis zu 8 Prozent am Gesamtausstoß hat das Hirter Morchl einen beachtlichen Anteil am Erfolg der Brauerei. Andreas Werner verwendet für sein Gösser Stiftsbräu ebenfalls nur Farbmalze in der Schüttung und keine färbenden Stoffe.

Die verwendete Menge des Braumalzes, in Österreich zum größten Teil Gerstenmalz und der daraus resultierenden Stammwürze, ist für die Farbgebung nicht so Ausschlag gebend wie die Farbintensität der eingesetzten Malze.

## Aromen ››
## Schokolade bis Brot und Kaffee

UM FARBMALZ ZU ERZEUGEN, ERFOLGT DAS DARREN BEI HÖHEREN TEMPERATUREN.

Dies bringt bereits Röstaromen mit in das Malz und somit bis in das Bier. Es gibt auch eigene Röst- und Karamellmalze, die als Bestandteil einer Malzmischung das Aromenspektrum im Bier erweitern. Sie werden durch Rösten von gedarrtem Malz hergestellt. In der Rösttrommel herrschen, abhängig vom Malztyp, Temperaturen von 150 bis 220 Grad Celsius. Aber auch neben den Röst-Noten sind die Duft- und Geschmacksnuancen bei dunklen Bieren durchaus anders als jene bei hellen Bieren. Dunkle Biere erinnern immer wieder an Schokolade, Kakao, Schwarzbrot, Backwaren und Kaffee. Zudem kommt die von vielen Bierfreunden gesuchte Bittere nicht ausschließlich vom Hopfen, sondern – in anderen Nuancen und Stärken – durchaus auch vom Malz. Deswegen unterscheidet man Hopfenbittere und Malzbittere.

Die dunklen Bieren eigene, betonte Malznote kann leicht bis kräftig ausfallen und verleiht dem Antrunk Fülle, Vollmundigkeit und Körper. Am Gaumen sind sie dicht, cremig, mild, weich. Das Geschmacksbild der meisten dunklen Biere ist harmonisch und rund.

Häufig werden dunkle Biere etwas weniger stark gehopft. Idealerweise haben aber auch sie ein feines Hopfenaroma, das sich im Nachtrunk noch einmal deutlich bemerkbar macht.

## Fantastische Farben

DAS AUGE TRINKT MIT.

Warum sollte es sich nicht auch an einem dunklen Gold, einem Kastanienrot oder an einem satten Dunkelbraun erfreuen? Aber ab wann gilt ein Bier als dunkel? Im Codex wurde keine genaue Grenze zwischen hellen und dunklen Bieren festgelegt. In Österreich gelten Biere als „dunkel", wenn sie die Farben des Bernsteins zeigen bzw. dunkler sind.

## Guter Radikalfänger

Bier ist an sich gesund, dunkles Bier hat zusätzliche prophylaktische Eigenschaften. Es wirkt stärker als Radikalfänger und hat antioxidatives Potenzial. Auf diese Weise wird das körpereigene Schutzsystem bei der Regulierung der Sauerstoffversorgung in den Körperzellen unterstützt, das Risiken von Zellveränderungen verringert. Das verdanken wir den Melanoidinen – Substanzen, die aus Eiweiß und Zucker gebildet werden, und zwar bei Temperaturen, wie sie beim Herstellen der dunklen Malze herrschen.

# Weißbier ist vieles

## *außer Weiß*

Wenn jemand zum ersten Mal ein Weißbier bestellt, wundert er sich möglicherweise über die Farbe des schäumenden Gebräus. Vor allem dann, wenn das Wirtshaus ausschließlich ein Hefetrübes oder gar ein dunkles Weißbier anbietet. Denn dann lacht ihm ein sattes Braun aus seinem Glas entgegen. Es gibt Weißbiere, die in kräftigem Orange leuchten oder, im hellsten Fall, in einem strahlenden, transparenten Gold. Richtig weiß, genauer gesagt durchsichtig wie Wasser (so wie etwa das eigentümliche Becks Ice), wird es nicht werden. Weißbier kann also alles Mögliche sein, aber nicht Weiß.

DIE LAUTKETTE „WEISSBIER“ BEZEICHNETE FRÜHER EINFACH HELLE BIERE.

Der Begriff wurde zur Unterscheidung von den ihren Farben entsprechend Braun-, Rot- und Schwarzbier genannten Getränken eingesetzt. Über das verwendete Getreide sagte die Bezeichnung damals nichts aus. Denn erst mit der Erfindung und Verbreitung der im habsburgischen Böhmen entwickelten untergärigen Brauweise konnten Gerstenbiere hell eingebraut werden.

Also verdichtete sich die Verwendung des Begriffes. Weißbier wurde etwa ab dem 16. Jahrhundert nur mehr synonym zu Weizenbier verwendet, der ähnliche Klang der beiden Worte „Weiß“ und „Weizen“ trug dazu bei. Und es ist auch inhaltlich korrekt, denn etymologisch lässt sich „Weiß“ vom Stamm des Wortes „Weizen“ her ableiten. So schließt sich der Farbkreis.

Es gibt noch – Sie erinnern sich an die „gewachsenen Strukturen“? – eine zweite, gebräuchliche Herleitung des Begriffes „Weißbier“. Sie beruht auf einer besonderen Eigenschaft der obergärigen Hefen. Weißbiere sind per Definition obergärige Biere. Obergärige Hefen steigen gegen Abschluss des Gärvorganges im Gärbottich auf, mehr darüber im Kapitel über die Hefe. An der Oberfläche des Gärgefäßes bilden die obergärigen Hefezellen eine dicke weiße Haube. Ob nun die Unterscheidung der Biere nach Helligkeit, also auch aus Konsumentensicht, oder die weiße Haube am Gärbottich, wie sie die Brauer sahen, ausschlaggebend für die Bezeichnung „Weißbier“ war, ist letztlich nicht so wichtig. Beides trifft zu und möglicherweise haben sie sich auch gegenseitig verstärkt.

Lediglich in Bayern beschränkte sich die Herstellung des Weißbieres bereits früh auf die Verwendung von Weizenmalz. Die Bezeichnung „Weißbier“ blieb den Weizenbieren vorbehalten, unabhängig von deren Farbe. Die Gerstenbiere wurden in „Hell“ und „Dunkel“ unterteilt.

In den 1970er Jahren wurde in Österreich wenig Weißbier gebraut. Dabei ist es eine österreichische Erfindung, zumindest, wenn man in altösterreichischen Kategorien denkt, denn es kommt ursprünglich aus Böhmen. So kannte man etwa in der Mühlviertler Biermetropole Freistadt bis zur Mitte des 16. Jahrhunderts nur Rot- und Braunbier. Erst dann schwappte das ursprünglich böhmische Weißbier nach Oberösterreich. Das obergärige Bier mundete so sehr, dass 1576 in Freistadt ein Weißbier-Amt eingerichtet wurde, dem 2 Brauherren vorstanden.

1611 nahm die Stadt aus diesem Titel 893 Gulden ein, 11 Jahre später waren es bereits 1.566 Gulden. Das Weißbier war nämlich die längste Zeit das „politische Bier“. Mittels jener Steuern, die durch den Weißbiergenuss eingehoben werden konnten, wurden Staatskassen gefüllt, Konflikte finanziert und sogar Gegenreformation betrieben. Das betrifft vor allem die bayrischen Lande (also auch Teile des heutigen Oberösterreich). Der Münchner Historiker Karl Gattinger hat dazu eine ausführliche und spannende Studie verfasst.

Als 1567 das Brauen von Weißbier verboten wurde (der Weizen war knapp und sollte deshalb nur zum Brotbacken verwendet werden), waren nur die Degenberger von dem Verbot ausgenommen. Später fiel dieses Braurecht an Maximilian I. zurück. Er behielt das Braumonopol und sicherte so eine enorme Einnahmequelle für den Staatshaushalt. Erst 1876, als untergäriges Bier unabhängig von der Jahreszeit gebraut werden konnte, ging die Nachfrage nach obergärigem zurück. Der Weg für bürgerliches Weißbierbrauen war geebnet.

# Weißbier-Typen

| Sorte (Kategorie) | Charakter |
|---|---|
| Alkoholfreies Weißbier | Weißbier mit einem Alkoholanteil unter 0,5 % Vol. |
| Alkoholarmes Weißbier | Weißbier mit einem Alkoholanteil zwischen 0,5 und 1,5 % Vol. |
| Weißbier leicht | Weißbier mit einem Alkoholgehalt zwischen 1,5 % Vol. und 3,7 % Vol. |
| Kristallweizen (Kristallklar) | Filtrierung nach der Gärung. So werden Heferückstände und Schwebstoffe entfernt. |
| Hefeweizen (Hefetrüb) Hell | Heferückstände und Schwebstoffe bleiben im Bier. Beides ist gesund und wohlschmeckend. |
| Hefeweizen bernsteinfarben | Wie Hefeweizen hell, allerdings etwas „malziger" und von etwas dunklerer Farbe. |
| Dunkles (bzw. schwarzes) Weißbier | Je nach Mälzung kann ein Weißbier auch bernsteinfarben bis dunkelbraun sein. Ein schwarzes Weißbier ist kein Paradoxon! |
| Weizenbock | Bockbier aus mindestens 50% Weizenmalz-Anteil an der Schüttung |
| Weizendoppelbock | Doppelbockbier aus mindestens 50% Weizenmalz-Anteil an der Schüttung |

# Österreichische Weißbiergeschichten

**EDELWEISS, EINE MARKE DER BRAU UNION, KANN MAN IN 5 VARIANTEN PFLÜCKEN: VOM HOFBRÄU BIS ZUM GAMSBOCK.**

Mit dieser Sortimentsbreite ist Edelweiss auch die an Varianten reichste österreichische Weißbiermarke. Gebraut werden die Edelweiss-Biere an historischer Stelle, im Hofbräuhaus Kaltenhausen, keine 20 Kilometer südlich der Landeshauptstadt Salzburg. Kaltenhausen ist die älteste der unter dem Dach der Brau Union vereinigten Brauereien.

Im Salzburg des 17. Jahrhunderts war die Verwendung von Weizen als Braugetreide den bischöflichen Brauereien vorbehalten. Gut für das Hofbräu Kaltenhausen, das damals dem Salzburger Erzbischof gehörte. Schon 1646 wurde hier Weizenbier produziert – unter dem Namen „Preuhann", wie der heutige Kaltenhausen- (und in Personalunion auch Zipfer-) Braumeister Günther Seeleitner zu berichten weiß. Wie lange das Bier produziert wurde, entzieht sich hingegen der genauen Kenntnis. Der Zeitpunkt, dass die alte Tradition des Weißbierbrauens wieder aufgenommen wurde, liegt hingegen noch nicht so lange zurück: Seit 1986 wird in Kaltenhausen wieder Weißbier gebraut: das Edelweiss.

In der Stadt Salzburg zu Hause ist Die Weisse, eine 105 Jahre junge Privatbrauerei, die bis heute das Weißbier isobarisch in die traditionelle Bügelflasche abfüllt, die dann von Hand verschlossen wird und für etwa 2 Wochen bei 20 Grad im Warmlager nachreift.

Im Jahr 1972 begann die Privatbrauerei Sigl in Obertrum das Champagnerweißbier Weizengold zu brauen. Das Bier schloss eine Lücke im österreichischen Biermarkt. 1997 wurde die Marke an Stiegl verkauft, sie wird seither von Österreich größter Privatbrauerei weiter geführt und befindet sich bei Braumeister Ernst Schreiner in den besten Händen. Seit 2002 wird auch in Obertrum von Braumeister Axel Kiesbye wieder ein Weißbier hergestellt. Er hält sich dabei an das Weizengold-Rezept aus dem Jahr 1974: Trumer Weizen.

Die Weißbiere von Rieder Bier sind stets unter den Siegern unserer Blindverkostungen. Braumeister Josef Niklas:

> *„Ohne überheblich sein zu wollen, die Rieder Helle Weisse ist eines der besten Weißbiere. Harmonisch, mild, mit einer sehr guten Hefeblume."*

1932 wurde im Rieder Braugasthof Träger erstmals „bayrisches Weißbier" produziert, 1972 brauten erstmals Mitarbeiter der Brauerei Ried ihr eigenes Weißbier – ebenfalls im Gasthof. 10 Jahre lang wurde der Standort beibehalten, dann übersiedelte die Weißbierproduktion in den neu errichteten Weißbierkeller der Brauerei.

In Bayern werden jährlich fast 9 Millionen Hektoliter Weizenbier gebraut, im Freistaat beträgt der Anteil am Gesamtausstoß etwa 35 Prozent. In Österreich ist Weißbier mit deutlich unter 2 Prozent des Gesamtausstoßes immer noch ein Nischenprodukt. Aber die Qualitäten der heimischen Weißbiere stimmen, und sie beleben mit mehreren Bierstilen die Bandbreite österreichischer Biere.

# Spezial

## *Der Stil mit dem Appellcharakter*

Mit dem Aufstieg der Märzenbiere ist das Segment der Spezialbiere deutlich geschrumpft. Dabei kommt die Bezeichnung „Spezial" nicht von ungefähr. Denn vonseiten der Brauer ist es ein gehegtes und gepflegtes Bier, es kommt bei ihnen auch privat nur zu besonderen Anlässen auf den Tisch. Da es immer in deutlich kleineren Chargen eingebraut wird als das Märzen, sprechen auch wirtschaftliche Erwägungen nicht so vordergründig gegen den Einsatz einer ausgesuchten (und also teuren) Hopfenspezialität, spezieller Malze und/oder eines aufwändigeren Brauverfahrens.

## Brauereien sind keine NPOs

EINES DARF MAN NICHT ÜBERSEHEN:
Brauereien sind keine Non-Profit-Organisationen zur Förderung der Bierkultur. Zum Glück bekennen sich einige Brauer aus Liebe zum Produkt dazu, die Biervielfalt zu pflegen. Dem Image der jeweiligen Brauerei tut das in jedem Fall gut. Was der Bierfreund – gleichsam als Gegenleistung – tun kann, ist, diese Köstlichkeiten auch genießend anzunehmen. Denn à la longue kann nur eine entsprechende Akzeptanz der Produkte am Markt die Biervielfalt aufrechterhalten. Es sind also nicht nur die Brauereien gefordert. Auch Handel, Gastronomie und Konsumenten müssen einen Beitrag dazu leisten. Ansonsten droht die totale „Vermärzung" der Bierlandschaft.

Tatsächlich werden die Anstrengungen so mancher Brauerei heute vielfach ignoriert. Das hat verschiede Ursachen: so ist etwa auch der Biertrinker ein „Gewohnheitstier", der die Bier-Vielfalt nicht kennt, und Handel und Gastronomie befördern oftmals direkt oder indirekt diese Geschmacksmonotonie.

Exemplarisch dafür etwa meine Erfahrung in 2 höchst unterschiedlichen Speiselokalen, die beide Murauer Bier vom Fass anbieten – an sich eine sehr nachvollziehbare Entscheidung. Auch, dass das Märzen dieser feinen steirischen Brauerei frisch gezapft wird, ist richtig: Nur solche Biere, die sich in großen Mengen verkaufen, gehören in den Fassausschank. Unverständlich aber ist, dass beide Gaststätten kein **Murauer Hopfengold** anbieten. Dieses Spezial mit Pilscharakter und einer feinen Balance zwischen kraftvollem Körper und einer betonten Hopfennote gehört zu den besten Bieren Österreichs.

Das Hopfengold ist selbst neben dem guten Murauer Märzen eine Offenbarung. Und es kann keine unzumutbare „Belastung" für den Gastronomen sein, eine Kiste Spezial vom Anbieter, der auch das Märzen liefert, bereitzuhalten. Fazit: Ein Wirt, der neben seinem Märzen ein Spezialbier anbietet, trägt ebenso zur Vielfalt bei wie der kritische Biertrinker, der nach Spezialitäten verlangt. Beide sind notwendig, um das für qualitativ hochstehende Nischenprodukte notwendigen Bewusstsein und damit Nachfrage zu schaffen.

## Die kraftvolle Alternative

DASS DIE KATEGORIE „SPEZIAL" – ALLEINE VOM CODEX HER – DURCH EINEN ETWAS HÖHEREN ALKOHOLGEHALT DEFINIERT IST, HAT EINEN TIEFEREN SINN.
Betont gebraute, hoch vergorene Biere fallen eben etwas kräftiger aus. Zudem darf eine wichtige Qualität des Alkohols, nämlich seine Eigenschaft als Geschmacksträger, als Substanz, die so manche Nuance erst aufschließt, nicht unterschätzt werden. Auch der beim Genuss entstehende Eindruck von Intensität und Kraft der Spezialbiere ist zu einem beträchtlichen Teil auf deren etwas höheren Alkoholgehalt zurückzuführen.

Diese Kraft brauchen Spezialbiere auch, um sich als Begleiter kräftiger Speisen durchzusetzen. Ein schlankes Pils oder ein Märzen mit leichtfüßigem Trinkfluss passt eben nicht zu jedem Braten.

# Export ››
# der Bierstil mit Geschichte

Spezial und Export sind genauso wenig ident wie Märzen und Lager: auch wenn die Statistik sie zusammenfasst, manche Brauereien in ihrer Nomenklatur nicht genau differenzieren und sich Spezial und Export in ihrer analytischen Charakteristik wenig unterscheiden: Die Geschichte macht den Unterschied.

Dies wird verständlich, wenn man nachvollzieht, welches „Schicksal" den beiden Sorten ursprünglich zugedacht war: Während das Spezial immer dafür vorgesehen war, genau so konsumiert zu werden, wie es gebraut wurde, war dies beim Export, zumindest anfänglich, nicht der Fall. Das „sehr breite Spektrum" des Bieres bezieht sich nämlich nicht nur auf Charakteristika, Geschmäcker und Brauweisen, sondern auch auf die Regionalität der einzelnen Biere.

Auch hier gibt es eine große Bandbreite: Das eine Extrem stellen die weltumspannenden Marken dar. Die große Kunst der Braumeister besteht in diesen Fällen darin, die höchst unterschiedlichen Voraussetzungen verschiedener Braustätten so „im Griff zu haben", dass das Markenbier überall auf der Welt möglichst exakt dem geplanten Geschmacksbild entspricht. Keine leichte Übung bei einem Naturprodukt mit natürlich schwankenden Rohstoffeigenschaften und bei unterschiedlichen technischen Voraussetzungen. Das andere Extrem sind die Kleinbrauereien, deren Markt in „Kilometer rund um den Schornstein" bemessen wird. Bierqualitäten waren immer schon sehr unterschiedlich. Wenn sich die Güte des Bieres von so einer kleinen Brauerei herumgesprochen hat und die Begehrlichkeit nach ihrem Bier immer weitere Kreise gezogen hat, dann entstand die logische Überlegung, das köstliche Nass zu exportieren.

### NUN IST BIER NICHT NUR KÖSTLICH, SONDERN AUCH HEIKEL.

Wärme, Licht, aber auch übermäßige Bewegung verbessern das Produkt nicht gerade. Also suchte man schon vor langer Zeit nach einer Lösung, Bier – mit den damaligen Mitteln – transportsicher zu machen. Die Überlegung lag nahe: Alkohol ist ein ausgezeichnetes Konservierungsmittel, also braut man ein deutlich stärkeres Bier ein und verdünnt es dann, am Ort des Verbrauches, auf die „normale" Stärke. Dadurch, so die Überlegung, entstünden 2 wesentliche Vorteile: Zum einen übersteht das Bier den Transport viel besser und zum anderen muss eine geringere Menge transportiert werden, was wiederum dazu beitragen sollte, Kosten zu sparen.

## Export und Import

DIESE RECHNUNG WURDE OHNE DIE WIRTE UND VOR ALLEM OHNE DIE KONSUMENTEN GEMACHT.

Man verkostete am Zielort das kräftigere Export – und war begeistert. Bald dachte niemand mehr daran, so ein Bier zu verdünnen. Vielmehr wurde eine andere Überlegung angestellt: Wenn das Bier im (oft nach heutigem Maß gar nicht weit) entfernten Zielmarkt so gut ankommt, dann wird es am Standort der Brauerei auch seine Anhänger finden. So entstand das Paradoxon, des am Standort der Brauerei genossenen „Exportbieres". Und aus genau dieser Geschichte entstand die Bezeichnung eines etwas kräftigeren Zipfer Bieres. Denn während das Lagerbier „Zipfer Urtyp" weit verbreitet ist und Bierkenner in ganz Österreich und auch in anderen Ländern erfreut, wird die kräftigere Zipfer Bierspezialität „rund um den Schornstein" vertrieben. Die oberösterreichischen Brauer lösen genau aus diesem Grund das Paradoxon auf und nennen ihr Export liebevoll „Import".

Historie hin oder her, heute ist der Begriff „Export" ein Anachronismus. Positiv gesagt, verweist er auf einen historischen Bezug. Dank heutiger Transporttechnik und Bierhygiene kann Vollbier ebenso gut wie Leichtbier auf die Reise gehen. Das Export findet hingegen lokale Verbreitung oder wird leider sogar eingestellt. Eine Verwendung für den tatsächlichen Export ist für die Benennung eines Bieres mit diesem Begriff aber nicht mehr Voraussetzung. Sind also Namen nur Schall und Rauch? Eine Frage mit Tradition: Eine der, historisch betrachtet, wichtigsten Export-Maßnahmen der heimischen Biergeschichte, nämlich jene der Dreher'schen Lagerbestände zum Münchner Oktoberfest anno 1872, betraf Bier vom „Wiener Typ", den ich im nächsten Kapitel behandle. Diese Bezeichnung hielt sich in Bayern aber nicht, es wurde umgehend in „Münchner" Märzen umgetauft. Apropos Deutschland. „Export" ist dort ein ganz eigener Bierstil und nicht hundertprozentig mit „unserem" Exportbier zu vergleichen.

# Der Wiener Typ

*Das Wiener Märzen vergangener Tage war ein Bier mit gutem Trinkfluss, jedoch etwas stärker.*

Schließlich sollte das „letzte Bier" – aus Witterungsgründen konnte ohne künstliche Kühlung so ein Bier nur bis in den März hinein gebraut werden – längere Zeit vorhalten. Deshalb war es stärker eingebraut, nämlich mit einer Stammwürze von etwa 13,7 Grad Plato, was meist einem Alkoholgehalt von 5,8% Vol. entsprach. Große Chargen wurden in den Eiskellern geborgen, sodass man noch wochenlang von dieser köstlichen Spezialität zehren konnte.

## Wie aus dem Wiener das Bayrische Märzen wurde

DAS JAHR 1872 BRACHTE NICHT NUR EINEN MANGEL AN EIS, WIE WIR IM ZUSAMMENHANG MIT DER GESCHICHTE DER SCHWECHATER BRAUEREI ERFAHREN, SONDERN, BEREITS EINIGE WOCHEN ZUVOR, EINEN BIERMANGEL.

Und zwar gerade dort, wo er nie und nimmer auftreten dürfte: am Münchener Oktoberfest. Glücklicherweise verfügte die Brauerei Dreher in Klein Schwechat bei Wien über genügend Reserven, um das Fest zu retten. Das Wiener Märzen kam am Oktoberfest sehr gut an. So gut, dass es – und das spricht für die Bayern – dort noch immer gebraut wird. Allerdings unter einer anderen Stilbezeichnung.

Hacker-Pschorr wirbt heute für sein Oktoberfest-Märzen mit den Worten: „Seine bernsteinklare Farbe, der runde malzaromatische Geschmack und seine feinherbe Bittere machen auch die eigenen 4 Wände im Handumdrehen zum Festzelt. Produkteigenschaften: ein goldfarbenes, untergäriges, typisch bayerisches Spezialbier zur Wiesn-Zeit, mittelhoch vergoren, malzaromatisch im Geschmack, sehr milde Bittere. Alc. 5,8% Vol., Stammwürze 13,7% Gew." So wurde aus dem Wiener Typ der Bierstil Bayerisches Märzen. Für das Österreichische Bierbuch bleiben wir natürlich beim Wiener Typ – zumal sich die Zeichen mehren, dass er in der nächsten Zeit wieder belebt wird. Lesen Sie auf Seite 19 mehr über das „Sechzehnerblech" der Ottakringer.

*Wiener Märzen wurde mit Wiener Malz hergestellt.*

*Diese Malzsorte gibt dem Bier eine etwas dunklere, bernsteinartige Farbe.*

*Auch wenn heute das Wiener Märzen, oder auch der Wiener Typ, in der breiten Öffentlichkeit unbekannt ist, das Wiener Malz hat als Typus überlebt und gehört nach wie vor zum Standard-Sortiment bedeutender Mälzereien, wie etwa Weyermann in Bamberg.*

# Stark- & Bockbier

*Sprachspielereien: Das Wort „Bock“ kommt von der Ortschaft Einbeck.*

Braumeister Elias Pichler muss ein Meister seines Fachs gewesen sein. Im Jahre 1614 wurde er aus dem niedersächsischen Einbeck in das damalige Zentrum des Bierbrauens abgeworben: nach München in das Hofbräuhaus. Dort sollte er ein hochklassiges starkes Bier brauen. Er nannte es nach seinem Heimatort „Ainpöckisch". Dieses Wort wurde mit der Zeit vom Münchener Volksmund abgeschliffen: „a Bock!" So geben heute kräftige Böcke unterschiedlicher Prägung prächtige Wappentiere für Bieretiketten ab.

GERADE BEIM BEGRIFF „BOCK“ LOHNEN SICH WEITERE SPRACHSPIELEREIEN.

Im Ortsname Einbeck verweist das „-beck" darauf, dass dort ein Bach (Bek) fließt. Somit ist es prädestiniert für die Benennung von flüssigem Gold. Wenn wir vermeinen, „Bock auf Bier" zu haben, so schließt das wohl auch ein, dass es uns alle heiligen Zeiten auf einen Bock gelüstet. Graben wir tiefer, stößt man auch hier auf sprachliche Wurzeln. Denn wenn burgenländische Roma „Bokh" auf etwas haben, so ist das mit „Hunger haben" in das Deutsche zu übersetzen. Eine passende Assoziationskette. Denn so eine Halbe Bockbier besitzt einen ordentlichen Nährwert.

## Fastenbier ›› am eigenen Leib

Also ein Bier zum Fasten! Denn wenn man etwa aufgrund einer Klosterregel schon nichts Festes essen durfte, wurde gegen nahrhaftes Trinken auch in den Wochen vor Ostern kein Einwand laut. Eine schöne Tradition, die sich gehalten hat: Noch heute brauen Klosterbrauereien zur entsprechenden Zeit ihr „Fastenbier".

Wobei diese Bezeichnung – in Zeiten von „low fat" – durchaus missverstanden werden könnte. Denn ein Fastenbier stellt als Bier so etwas wie das Gegenteil von einem Fastenjoghurt als Joghurt dar. Ich selbst bin diesem Begriff einst auf den Leim gegangen, als Jungspund im Bräustübl zu Mülln (Salzburg). Dort zum ersten Mal mit einem Fastenbier konfrontiert, wähnte ich es leichter, vermeinte also, von diesem Bräu deutlich mehr zu vertragen, als vom Augustiner Märzen. Die körperliche Reaktion auf die dritte Maß war eindrucksvoll und führte dazu, dass ich die wahre Bedeutung des Wortes Fastenbier nie wieder vergessen werde.

## Böcke halten länger

Der hohe Stammwürzegehalt ist der gemeinsame Nenner der Bockbiere. Ursprünglich wurde so schwer und alkoholreich gebraut, um ein Bier zu bekommen, das länger haltbar war. Im Mittelalter galt das Einbecker Bier als Luxusware; wert, über weite Strecken exportiert zu werden. Das Bräu musste solche Reisen unbeschadet überstehen. Heute werden Biere mit einer Stammwürze von mindestens 16 Grad Plato (die Untergrenze laut Codex) wegen ihres Charakters, der ihnen eigenen Geschmacksnuancen und ihrer Vollmundigkeit gebraut. Der Alkoholgehalt der Bockbiere liegt zwischen 6,5 und 7,5 Prozent. Farblich bewegen sie sich zwischen goldfarben, wenn der Hopfenanteil höher ist, und braun bei kräftigerer Mälzung. Ein Doppelbock ist natürlich noch stärker. Sein Stammwürzegehalt muss bei mindestens 18 Grad liegen, der Alkoholgehalt beträgt bis zu 13% Vol.

Die Mindesthaltbarkeit ist, zumal bei Lebensmitteln, ein ernstzunehmendes Datum. Böcke sind da etwas anders. Aufgrund ihres hohen Gehaltes an Stammwürze und Alkohol sind sie zumeist weit über den auf der Flasche angeführten Tag haltbar. Böcke zeigen ihre Vielschichtigkeit oft erst nach Jahren. Mit der Zeit bilden sich Sekundäraromen aus; das können zum Beispiel schöne Sherry-Töne sein. Mehr dazu im Kapitel über den Bierkeller ab Seite 112.

# Eisbier ››
# eine Erfindung des Zufalls?

Mit normaler Bierhefe können Biere bis zu einem Alkoholgehalt von rund 13 Prozent gebraut werden. Mehr geht nicht, denn ein höherer Alkoholanteil tötet die Hefe – und tote Hefe kann keinen Malzzucker mehr in Alkohol umwandeln.

Die Legende besagt, dass auch der Eisbock eine Erfindung des Zufalls, oder, wie die Gläubigen unter uns sagen werden, ein Geschenk Gottes war. Ein Braumeister wies eines kalten Wintertages seinen Burschen an, ein Fass, gefüllt mit gutem Starkbier, vom Hof zu entfernen und es im wärmeren Keller zu lagern. Der faule Brauburschedachte sich „Morgen ist auch ein Tag" und ging lieber selber auf ein Bier. Am nächsten Tag war die Katastrophe perfekt, denn die Nacht war so kalt gewesen, dass sogar der Bock gefroren und das Fass geborsten war. Der Bursch bezog zuerst eine tüchtige Tachtel und dann den Befehl, den Schaden zu beseitigen. Schuldbewusst ging er ans Werk und entdeckte dabei, dass in den Dauben ein Rest an Flüssigkeit verblieben war. Er steckte den Finger hinein und kostete. Weil das so überaus köstlich und die Ohrfeige wohl auch nicht so schlimm ausgefallen war, machte er Meldung beim Braumeister. Der erkannte zu seinem und unserem Glück die hohe Qualität des kleinen Restes. Man kann also Bier frieren und Teile des gefrorenen Wassers entfernen. Mit dieser Konzentration durch Kühlung kann ein noch höherer Alkoholgehalt erreicht werden. Heraus kommt dabei Eisbier beziehungsweise Eisbock. Eine seltene Spezialität voller Glut.

# Heilige Zeiten

Die ganzjährige Verfügbarkeit kulinarischer Köstlichkeiten, die ihre naturbedingte Saison haben, hat so manches Schmankerl entzaubert. Erdbeeren im Dezember, Schwammerl im Frühling. Wer braucht das wirklich? Erlebnisse, die einen wirklich berühren, sind – genauso wie Genüsse, die man nicht immer haben kann – nicht nur schön oder köstlich, sondern vor allem rar. Alltäglichkeit killt oftmals das Reizvolle.

So verstanden ist es geradezu ein Glück, dass die heimischen Brauer eher traditionalistisch agieren. Also etwa Bockbiere zur Bockbiersaison brauen. Bis heute halten sich Termine rund um den Anstich dieser Spezialität. So wird in der Braucommune Freistadt der Bockbieranstich mit einer großen Freiluftveranstaltung gefeiert; praktischerweise immer am 25. Oktober, dem Vorabend des Österreich-Feiertages. Auch der Bockbier-Anstich in der Ottakringer Brauerei gerät Jahr für Jahr ebenfalls im Spätherbst zum Riesenfest – mit weit mehr als tausend Gästen. Den berühmtesten Maibock gibt es im Zillertal. Das Gauderfest findet immer am 1. Mai statt, und speziell dafür wird von Tirols herausragender Brauerei, Zillertal Bier, der Gauderbock eingebraut.

Von Mitte Oktober bis etwa zum Jahresende ist das Weihnachtsbräu aus Schrems verfügbar. Das Schremser Weihnachtsbock hat bei einer unserer Blindverkostungen exzellent abgeschnitten. Karl Theodor Trojan: „Speziell für Starkbiere gilt, sie sollen Charakter zeigen. Man muss sie tasten können, zwischen Zunge und Gaumen." Wenn sein Weihnachtsbräu langsam fertig wird, geht er täglich in seinen Keller kosten. Zum Weihnachtsfest wird bei Familie Trojan gebackener Karpfen mit Bockbier serviert: „eine unschlagbare Kombination". Trojan verwendet für sein Festtagsbräu seit 15 Jahren Waldviertler Braugerste, gemälzt bei Plohberger, und ausschließlich Saazer Hopfen. „Das ist wichtig für den Charakter."

*Schremser*
Weihnachtsbräu

*Um den 20. Oktober können die Bierfreunde den Stieglbock genießen. Die beliebte Starkbier-Spezialität divergiert im Jahresvergleich leicht, 2008 ist er mit 16,5 Grad Stammwürze und 7% Vol. Alk. als ausgewachsener Bock und dennoch eher weich im Antrunk ausgefallen. Er hat eine attraktive, dunkle Farbe und ist bis zum Schluss spannend und präsent, mit seinem markanten Nachtrunk wird er sich lange in Erinnerung halten – zumindest bis der Bock 2009 angestochen wird.*

# Biobier ›› Quadratur der Natur

## *Die beiden Lautketten „Bio“ und „Bier“ klingen zum Verwechseln ähnlich.*

Das mag ein Zufall sein, passt aber ziemlich gut. Österreichisches Bier ist an sich ein Naturprodukt. Werden jedoch zum Brauen Grundstoffe verwendet, die aus rein biologischer Landwirtschaft stammen, dann haben wir es mit einem besonders wertvollen Genussmittel zu tun.

„BIO" BEZEICHNET EINEN GROSSEN UND BEGRÜSSENSWERTEN TREND UNSERER TAGE.

Die Verbraucher tun etwas für ihre Gesundheit und die biologische Produktion leistet einen wichtigen Beitrag zur Erhaltung der bäuerlichen Kulturlandschaft. Biolandwirtschaft zielt auf eine gesunde Umwelt ab, weil sie das Klima und unser Grundwasser schont und weniger Energie verbraucht als konventioneller Landbau. Selbstverständlich dürfen im Biolandbau nur Braugetreide oder Hopfen verwendet werden, die garantiert nicht gentechnisch verändert worden sind.

Biobier ist kein eigener Bierstil, sondern bezeichnet die Anbauweise der Ausgangsprodukte. Schon heute gibt es in zahlreichen Stilen Bio-Produkte. So finden wir neben dem Zwickel auch das Bio-Zwickel (zum Beispiel Stiegl Paracelsus Zwickel oder Freistädter Bio Zwickel) oder neben dem Märzen das Bio-Märzen (zum Beispiel Schladminger Märzen oder Hofstettner Märzen).

Ein Bio-Märzen ist einfach ein Märzen aus Bio-Rohstoffen, das – und das ist mindestens ebenso wichtig – auch nach der Produktionsweise hergestellt wird, die der entsprechenden Richtlinie entspricht. Streng kontrolliert natürlich.

## Beispiele für Biozertifikate, die in Österreich eingesetzt werden

Was „Bio" ist und was nicht, regeln die Bio-Verordnung der Europäischen Union 834/2007 und 889/2008 und der Österreichische Lebensmittelcodex A8. Aber es reicht nicht aus, seine Produktion nach diesen biologischen Standards auszurichten, will man „Bio" auf sein Produkt schreiben. Wer sein Produkt als ein biologisches vermarkten möchte, muss seinen Betrieb zertifizieren und regelmäßig kontrollieren lassen. In Österreich stehen für die Biokontrolle 7 staatlich akkreditierte Kontrollstellen zur Auswahl.

Neben den staatlichen Vorgaben gibt es auch privatrechtliche von Bio-Vereinen, welche zusätzliche Kriterien von ihren Mitgliedern und Partnern verlangen.

## Bio-Austria

ist der größte dieser Vereine. Er versammelt Anfang 2009 rund 14.000 Mitglieder und 250 Partner aus der Lebensmittelverarbeitung. Darunter befinden sich auch 7 Brauereien: Die Stieglbrauerei zu Salzburg und die Braucommune Freistadt sowie die Brauereien Schladminger, Hofstetten, Hirt, Kapsreiter und Gusswerk. Mit dem BIO-AUSTRIA Logo gekennzeichnete Biere müssen aus Rohstoffen hergestellt werden, die von BIO-AUSTRIA Bauern hergestellt werden.

BIO ZERTIFIKAT

**Braucommune Freistadt**
**4240 Freistadt, Promenade 7**

wird durch das staatlich akkreditierte Prüfinstitut LACON GmbH, 4150 Rohrbach, Linzerstr. 2, nach den Bestimmungen der Verordnung (EWG) Nr. 2092/91 und nach dem Österr. Lebensmittelbuch, III. Auflage, Kapitel A8, ordnungsgemäß überprüft.

EG-Code: AT - O - 02 - BIO

Zuletzt durchgeführtes Jahresaudit: 06.06.2007

Gültigkeitszeitraum des Zertifikats: bis zur nächsten Jahreskontrolle längstens jedoch bis 31.12.2008

Das Unternehmen ist berechtigt, bei folgenden Produkten den Hinweis "aus biologischer Landwirtschaft" gemäß Art. 5 der Verordnung (EWG) Nr. 2092/91 zu geben:

**Vollbier hefetrüb**

Bedingungen für die Aufrechterhaltung der Gültigkeit des Zertifikats innerhalb des o g Zeitraumes:

1. Die Produkte müssen den gegenständlichen Richtlinien entsprechen.
2. Aufrechtes Kontrollverhältnis.

Rohrbach, 19.06.2007

Biologische Landwirtschaft lacon AT-O-02-BIO EG-Kontrollsystem

Für die Zertifizierungsstelle

*Bio-Zertifikat*
„Vollbier hefetrüb"
Freistädter Brauerei

## Demeter

Die strengste Variante aller Bio-Regeln gibt der Österreichische Demeter Bund heraus. Im Jahr 2004 hat er eine Richtlinie für Biere, die mit dem Markenzeichen Demeter gekennzeichnet werden sollen, veröffentlicht. Neben der Beschränkung der Zutaten auf Hopfen, Malz, Bierhefe und Brauwasser gilt ein Verbot des Einsatzes von Mikrowellen. Nur Demeter-Braugetreide darf zum Einsatz kommen. Hopfenpellets Typ 45 und Hopfenextrakt sind ausgeschlossen. Das Malz muss in Wässern mit Brauwasserqualität geweicht werden und darf nicht geschwefelt werden. (Zur Qualität von Brauwasser siehe Kapitel Wasser.) Schnellreifeverfahren, wie zum Beispiel Warmlagerung, sind ebenso untersagt wie Heißabfüllung und Entkeimungsfiltration. Wir haben hier nur einen kleinen Auszug aus der Demeter-Richtlinie wiedergegeben. Einige Punkte sind sehr streng.

Aber auch die zahlreichen Bio-Biere, die nicht nach Demeter gebraut werden, weisen hohe Standards auf und sind sehr bekömmlich. Zur Zeit unserer Recherchen für diesen Text wurde in Österreich erst ein einziges Demeter-Bier hergestellt: das Meinklang Bier aus dem Salzburger Gusswerk.

## In Österreich zugelassene Kontrollstellen

Das Prüfungsinstitut Lacon GmbH wird von privaten Gesellschaftern getragen. Natürlich ist es von den zu kontrollierenden Wirtschaftskreisen vollkommen unabhängig. Für Prüfungsaufgaben ist Lacon „staatlich beliehen" und somit im hoheitlichen Vollzug tätig. Vom Bäcker bis zum Babykosthersteller lassen Unternehmen einfache bis hochverarbeitete Lebensmittel von Lacon prüfen. Neben Bier und Wein reicht das Sortiment von Teigwaren über Zucker und Öl bis zu Käse, Suppen und Fleischwaren. Die Kontrolle beginnt am Feld und endet erst im Regal.

Lacon führt mehrere Gründe an, die für ein Bio-Zertifikat sprechen: Staatliche Förderung der biologischen Landwirtschaft, Imagegewinn und kräftige Zuwachsraten der Bio-Range – allgemein wird von einem Marktpotenzial rund um die 10 Prozent gesprochen.

WEITERE KONTROLLSTELLEN:

- *Austria Bio Garantie (ABG)*
- *SGS*
- *BIOS*
- *BIKO*
- *SLK*
- *LVA*

# Bier mit geringerem Alkoholgehalt

*Alkoholfrei, Schank- & Leichtbiere*

## Alkoholfrei

DEN WENIGSTEN ALKOHOL ENTHÄLT DIE KATEGORIE „ALKOHOLFREI".

Aber diese Bezeichnung ist nicht ganz korrekt. Denn kein Bier ist völlig alkoholfrei, weswegen es auch nicht ratsam ist, Kindern „alkoholfreies" Bier zu verabreichen. „Trockene" Alkoholkranke dürfen alkoholfreies Bier nicht anrühren. Erwachsene ohne ein solches Problem werden allerdings nach einem alkoholfreien Bier nichts spüren, denn der Alkoholgehalt von alkoholfreiem Bier beträgt weniger als 0,5 % Vol. Auch für manche Bierfreunde ist alkoholfreies Bier tabu. Sie vertreten die Meinung, dass sie „entweder Bier trinken oder alkoholfrei".

Die Ottakringer Brauerei hat für ihr Bier dieser Kategorie einen besonders guten Namen gefunden: „Null Komma Josef". Mit dieser Bezeichnung wird dem Umstand, dass selbst dieses Bier ein kleinwenig Alkohol enthält, Rechnung getragen. Und dem Lokalkolorit: Null Komma Josef ist in Wien ein geflügeltes Wort und meint „so gut wie gar nichts". Als echter „Taufschein-Sepp" kann mich auch der Umstand nicht stören, dass „Josef" in Wien offenbar synonym mit „Geringfügigkeit" verwendet wird.

## Gestoppte Gärung oder Alkoholentzug

Grundsätzlich lassen sich alkoholfreie Biere auf 2 verschiedene Weisen gewinnen: entweder mittels gestoppter Gärung oder indem man dem fertigen Bier Alkohol entzieht. Das hat unterschiedliche Auswirkungen auf Körper und Geschmack des fertigen Produktes. Gestoppte Gärung bedeutet, dass eine beträchtliche Menge gärfähiger Kohlehydrate (also Zucker) nicht vergoren wird. Die logische Folge ist, dass das Bier einen recht süßen Charakter hat.

*Biere, denen der Alkohol entzogen wird, sind trockener. Aber egal, ob so oder so hergestellt, alkoholfreien Bieren fehlt natürlich nicht nur die „Nebenwirkung" des Alkohols, sondern vor allem Tiefe und Geschmack. Sie sind, bei aller Kunst ihrer Braumeister – und es bedarf schon großen Könnens, ein annehmbares Bier ohne Alkohol herzustellen –, natürlich nicht hundertprozentig mit alkoholhaltigen Bieren zu vergleichen.*

## Leichtbier

**KANN MAN, DEN VORGABEN ENTSPRECHEND, WENIGSTENS EIN PAAR PROZENT ALKOHOL IM BIER BELASSEN, SO WERDEN BEREITS ERGEBNISSE ERZIELT, DIE BIERIGEREN CHARAKTER AUFWEISEN.**

Beginnen wir auch hier mit einem guten Bier mit kluger Nomenklatur: Zipfer Medium. Ein Produktname, der keinen Mangel suggeriert, sondern wohlklingend auf die Mitte hinweist. Da schwingen auch Klugheit und eine gewisse Ruhe mit. Leichtbiere sind ein guter Kompromiss. Geringer im Alkohol und doch in recht hohem Maße „bierig".

## Schankbier

**SEIT AUCH AUS DEN FÄSSERN IMMER MEHR MÄRZEN FLIESST, STAGNIERT DER AUSSTOSS DES SCHANKBIERES.**

Dabei handelt es sich um Biere, die etwas leichter sind als „Vollbiere". Ein Schankbier hat laut Codex einen Stammwürzegehalt von 9 bis 11 Grad Plato. Vollbier (also zum Beispiel Märzen) beginnt mit einem Stammwürzegehalt von 11 Grad Plato. Aus der Sicht des speziellen Biergenusses kann zu Schankbier nur gesagt werden, dass es vor allem auf seine Pflege ankommt. (siehe auch Seite 98)

Schankbiere, das sagt schon ihr Name, werden für den Ausschank in der Gastronomie eingebraut. So ein Bier bestellt man nicht, um darüber zu philosophieren. Bestenfalls will man der eigenen Philosophie mit etwas Treibstoff weiterhelfen. Mengenmäßig, also ihrem Anteil am österreichweiten Bier-Gesamtausstoß nach, haben Schankbiere große Bedeutung. Zum Vergleich: Während der Ausstoß von Weißbier (aller Stile zusammengenommen, vom Kristallweizen bis zum Weizenbock) österreichweit bei nicht ganz 150.000 Hektolitern liegt, werden hierzulande jährlich rund 550.000 Hektoliter Schankbier getrunken.

# Kräuterbiere

*Der österreichische Markt ist mit Kräuter- und Fruchtbieren sehr spärlich bestückt.*

Mit etwas Spürsinn kann man vor allem in Gasthaus- und Kleinbrauerein das Glück haben, ein paar Seideln von oft einmaligen Suden zu erhaschen. Zu selten werden diese besonderen Köstlichkeiten auch in Flaschen gefüllt, praktisch nie werden sie großräumig vermarktet. In manchen anderen Ländern ist die Auswahl an solchen Bieren weit größer. In Belgien wird das mittels Spontangärung (dabei werden keine Hefen zugesetzt, sondern die in der Atmosphäre vorhandene Hefe genutzt) erzeugte Lambic oft ein zweites Mal vergoren – mit Kirschen oder Himbeeren. Durch die Verwendung von gut abgelagertem Hopfen entstehen Biere, die fruchtig riechen und auch so schmecken, ohne süß oder gar bitter zu sein. Einfach aromatisch.

INTERNATIONAL BELIEBT FÜR DIE AROMATISIERUNG UND AUCH IN ÖSTERREICH ZEITWEISE EINGESETZT:

- *Kräuter:* *Koriander, Absinth, Kamille, Klee, Hanf*
- *Wurzel:* *Ingwer*
- *Gewürze:* *Zimt, Koriandersamen, Pfeffer*
- *Früchte:* *Wacholder, Pfirsich, Kirsche, Himbeere, Kürbis, Orangen- und Zitronenschale*
- *Andere:* *Schokolade, Chili, Kaffee*

## Kräuterbiere

Seit Anbeginn der Braukunst, oder früher noch, des Brau-„Versehens", war klar: Bier hält sich nicht lange. Schon gar nicht ohne Kühlung. Geschmack und Geruch des Gebräus wurden rasch säuerlich und unangenehm. Man sann auf Abhilfe und kam darauf, dem Bier etwas zuzusetzen: etwas, das stärker ist und von ungewollten Noten ablenkt. Kräuter, aber auch Früchte boten sich dazu an. Bereits in Mesopotamien, wo man die Wiege des Biers vermutet, wurden diesem wahrscheinlich Süßstoffe zugefügt: Honig, Datteln und Feigen aromatisierten das beliebte Getränk.

Spätestens mit den Aufzeichnungen der Hildegard von Bingen ist unumstößlich, dass die Deutschen Esche, Myrte, Rosmarin, Schafgarbe dem Bier beifügten, und auch Hopfen wurde damals bereits erwähnt. Um 1300 beschreibt ein Kölner Erzbischof exotische Zugaben wie Ingwer, Anis und Kümmel.

DIE BERAUSCHENDE WIRKUNG VON ALKOHOL UND ANDEREN SUBSTANZEN WAR IM MITTELALTER VON GROSSER BEDEUTUNG.

Ein Bier musste demzufolge stark sein und berauschend wirken. Konservierende und antibakterielle Wirkungen von allerlei Zusätzen wurden gerne angenommen. Andere Beigaben hatten mehr eine symbolische Funktion. Bier wurde den Göttern geweiht, durfte also nicht mehr „einfach" sein. Man hielt bestimmte Gewächse für „Pflanzen der Götter", war überzeugt, sie könnten das kosmische Bewusstsein erwecken. Dabei handelte es sich in der Regel um Pflanzen mit halluzinogener Wirkung. Man opferte, verschaffte sich – wenigstens gefühlte – Nähe zu den Angebeteten und genoss die berauschenden Welten. Tollkirsche, Stechapfel, Wermut und Alraune gehörten zu den wirksamsten und gefährlichsten Zutaten. Die Reinheitsgebote beendeten diese Machenschaften – der Konsum solcher „Biere" hatte so manches Opfer gefordert.

Auf der hellen Seite des Daseins gibt es eine Großzahl an pflanzlichen Zusätzen zu Bier, die durchaus gesundheitszuträglich sein können. Die ätherischen Öle von Ysop und Wacholder wirken anregend; Salbei, Galgant und Sonnentau krampflösend, Gundelrebe und Birkensaft blutreinigend. Beifuss ist anregend, galletreibend und fördert die Menstruation. Melisse und Ingwer fördern die Verdauung. Das sagt man auch dem Koriander nach – neben seiner aphrodisischen Wirkung.

IN JÜNGERER ZEIT TAUCHEN EINIGE HANFBIERE AM ÖSTERREICHISCHEN MARKT AUF.

Hanfblüten und ätherisches Öl von Faserhanf werden der Maische zugesetzt. Der Faserhanf, ein rein biologisches Produkt, enthält weniger als 0,05 Milligramm des berauschenden Wirkstoffs Tetrahydrocannabinol (THC) pro Kilogramm. Man kann davon also nicht „High" werden. Aber der besondere Duft der Blüten führt zu einem sehr sinnlichen Trinkerlebnis.

# Radler

## *Vielfältiges Gemisch*

Radler besteht zur einen Hälfte aus Bier, die andere Hälfte ist klassischerweise Zitronenlimonade. In der heutigen Praxis ist aus dieser zweiten Hälfte eine Variable geworden. Orangenlimonade etwa paart sich im Nachbarland Deutschland allzu gern mit Bier; hierzulande sehr populär die Symbiose aus Almdudler, sprich Kräuterlimonade, und Untergärigem.

# So heißt der „Radler" in aller Welt

AUS BIERIGER SICHT SIND DIE RADLER NICHT SEHR ERGIEBIG.

Der Mix aus Bier und Limonade soll einfach den Durst löschen, außerdem dominieren die Flavours der Limonaden oft den Gesamtgeschmack. Also haben wir für dieses Kapitel eine kleine Schau über die Grenzen zusammengestellt. In der Schweiz, in Spanien, im Saarland und in Frankreich nennt man es „panaché" (französisch für „gemischt") bzw. eingedeutscht Panasch oder (nicht in der Schweiz) gespritztes Bier. In Mitteldeutschland wird die Mischung aus Bier und Limonade „Ententeich" gerufen. In Norddeutschland wird stets Pils verwendet, die Mischung heißt dort „Alsterwasser", kurz Alster, benannt nach der Farbe, die das Hamburger Gewässer angeblich hat. Unter Alster versteht man im Ruhrgebiet, im Rheinland und teilweise in Berlin eine Mischung aus Pils mit Orangenlimonade, die dementsprechend trüb ist. In Berlin, Brandenburg und dem nördlichen Sachsen-Anhalt wird dafür auch der Begriff Potsdamer verwendet.

Die Verwendung des Begriffs Alster ist jedoch nicht einheitlich. Teilweise wird unter Alster ein Mix mit Orangenlimonade verstanden, unter Radler hingegen ein Mix mit Zitronenlimonade; manchmal werden beide Begriffe aber auch synonym benutzt. In den Niederlanden wird ebenfalls Pils verwendet, dort wird das Gemisch als „Sneeuwwitje" (zu Deutsch „Schneewittchen") bezeichnet. Im Ruhrgebiet unterscheidet man nach Verwendung der Zitronenlimonade-Sorte zwischen Radler (gelbe Zitronenlimonade) und Alsterwasser (farblose Zitronenlimo). In einigen Regionen des Münsterlandes wird Bier mit Orangenlimonade gemischt und als „Wurstwasser" bezeichnet. In Österreich bezeichnet man die Mischung aus Bier und der Kräuterlimonade Almdudler als Almradler oder auch einfach als Radler. In Vorarlberg unterscheidet man zwischen „süßem" (mit Limonade) und „saurem" (mit Mineralwasser) Radler. Letzterer wird sonst als „Soda-Radler" bezeichnet. Eine besonders in Bayern verbreitete Variante ist der „Russ" oder „Russe". Er besteht aus Weißbier und Zitronenlimonade.

# Wie man sein Bier richtig genießt

Wer sich noch an das Glück des ersten Schluckes erinnern kann, wird vielleicht einwenden: „Eine Anleitung zum Genießen – wozu? Bier ist der Genuss par excellence!" Für wahre Bierfreunde gibt's nur wenige Momente, die so gegenwärtig bleiben.

*Das frisch eingeschenkte Bier wird an die Lippen geführt. Man genießt, natürlich mit geschlossenen Augen, ganz im Hier und Jetzt den ersten Schluck.*

Wer nun aber meint, damit ist der Höhepunkt des Bierlebens vorbei, irrt. Weitere Momente großen Biergenusses sind erreichbar. Es bedarf nur ein bisschen zusätzlicher Aufmerksamkeit und der Bereitschaft zu lernen und zu entdecken. Das Schöne dabei: Diese Art des Lernens ist pures Vergnügen.

*Genuss*
im Sommer

# Die 2 befriedigenden Grundarten des Biergenusses

### GRUNDART 1:
### BEFRIEDIGUNG, OHNE NACHDENKEN ZU MÜSSEN

Es gibt mehr als eine Art, großen Genuss aus seinem Bier zu beziehen. Die erste beginnt mit diesem befriedigenden, tiefen Zug aus dem Glas und setzt sich im Gusto auf den nächsten Schluck fort. Das ist, im Wortsinn, „Gefühl". Niemand will in einer solchen Situation über sein Bier nachdenken. Dies gilt auch für Biersommeliers. Keiner von uns hat die Absicht, diese Art von Genuss zu „ersetzen".

Also nicht nachdenken. Im Gegenteil. Das Bier muss „einfach gut" sein, und vor allem gut gezapft oder eingeschenkt. Keine Auffälligkeit darf den magischen Moment trüben. Das ist das Bier, das man mit Freunden trinkt. Es begleitet ein Gespräch, oder man genießt es alleine. Neben einer anregenden Lektüre oder einfach im Bräustübl.

### GRUNDART 2:
### BEFRIEDIGUNG DER NEUGIERDE

Die zweite Art des Biergenusses wird von der eigenen Neugierde befeuert. Das kann zwar, muss aber kein „intellektueller" Ansatz sein. Es erfordert jedoch Lust zur Wachsamkeit und die Freude, sich mit Bier beschäftigen zu wollen. Mit Bier im Allgemeinen und im Besonderen mit jenem Glas, das gerade vor uns steht. Wer Lust bekommt, das auszuprobieren, wird bald für sich feststellen, dass auch die intensivste Untersuchung nie und nimmer die Lust am Bier nach der Grundart 1 verdirbt. Was aber passieren kann, ist, dass ein trainierter Gaumen dazu führt, dass man heikler wird. Wirklich schwaches oder schlecht gezapftes Bier wird dann nicht mehr (so leicht) akzeptieren.

## Bier ist und kann mehr als jedes andere Getränk

Alleine, dass es das Bier seinen Genießerinnen und Genießern erlaubt, sich ihm auf diese erste, eher instinktive, ein wenig animalische Art zu nähern, ja dass es diese Form der Annäherung sogar mit tiefer Befriedigung belohnt, hebt es weit über andere Getränke wie etwa den Wein hinaus. So gut Wein sein kann, am besten ist er, wenn man ihm viel Aufmerksamkeit schenkt. Ein tiefer Zug aus dem Weinglas führte jedoch eher zu einer allzu raschen Indisposition, abgesehen davon, dass Wein auf diese Art nicht schmeckt und schon gar nicht befriedigt.

BIER HINGEGEN KANN BEIDES GANZ AUSGEZEICHNET: AUS REINER FREUDE GETRUNKEN UND MIT AUFMERKSAMKEIT DEGUSTIERT WERDEN.

Die erste Weise, sich an seinem Bier zu erfreuen, genießt einen Bekanntheitsgrad von 99,9 Prozent. Nicht so Grundart 2: Diese fristet ein Dasein unter der Wahrnehmungsschwelle, selbst bei Zielgruppen, deren Mitglieder sich freimütig als Bierliebhaber ausgeben. Der Schluss daraus ist klar wie ein Kristallweizen: Eine „Anleitung zum Glücklichsein mit Bier" muss sich vor allem mit der zweiten Weise beschäftigen.

## Die Freuden der Abwechslung

Nichts liegt mir ferner als die Rolle eines „Biermissionars". Wem es genügt, hin und wieder einen kräftigen Zug aus seinem Krügel zu nehmen, wer dabei nicht über das nachdenken will, was er gerade zu sich nimmt, hat genau dasselbe Recht auf glücklichen Genuss wie der Bierspitz, der mit Feuereifer seltenen Spezialitäten nachjagt.

Allerdings wird Ersterer niemals die Freude erleben, die das Aufspüren von Bierraritäten bereitet. Zudem möchten viele den Genuss, den sie aus der aufmerksamen Degustation eines guten Bieres beziehen, nicht für sich behalten. Es macht einfach Spaß, aus konzentrierter Degustation gewonnene Ergebnisse mit anderen zu vergleichen.

Jeden Tag dasselbe essen, was für eine furchtbare Vorstellung. Selbst wenn es sich dabei um die Leibspeise handelte. Das wirft zunächst die Frage auf, warum so viele mit jenem Lebensmittel so umgehen, das sie emotional hundertmal mehr berührt als vergleichsweise ein Steak, ein Risotto oder ein Reisfleisch. Auch wenn mir Bier A oder B noch so gut schmeckt: ein mit vielen verschiedenen Einzelbieren angefüllter Eiskasten birgt ganz andere Reize.

Eigentlich geht das gar nicht anders. Denn wie sollte ich schon zum Zeitpunkt des Einkühlens wissen, ob mir im Moment des Genießens ein Zillertal Pils, ein Schremser Roggen oder ein Mohren Kellerbier besser munden will? Es ist dann alles an seinem Platz, wenn für alle Eventualitäten meines nicht vorhersehbaren Biergeschmackes gesorgt ist. Nicht zu vergessen die noch weniger vorhersehbaren Geschmäcker eines, vielleicht sogar überraschenden Besuches.

# Wissen kann den Genuss fördern

*Meine Erfahrungen besagen, dass sich das Wissen – etwa um ausgezeichnete Grundstoffe, einen verlässlichen Braumeister oder spannende Details zum Brauvorgang – durchaus förderlich auf den Genuss auswirkt.*

Ein Beispiel. Wer sich gerne mit unterschiedlichen Hopfensorten – ein besonders lohnendes Thema – auseinandersetzt, wird durchaus daran interessiert sein, in welcher Weise sich die 4 Hopfengaben in seinem Bräu verewigt haben. Der eine oder andere konzentrierte Degustationsschluck wird vielleicht ein anderes Ergebnis bringen, wenn ich weiß, dass Andreas Urban – alias „Mr. Hophead" und seines Zeichens Braumeister zu Schwechat – zunächst Mühlviertler Magnum, dann Mühlviertler Perle in insgesamt 3 Gaben seiner Würze hinzugefügt hat, um seinem Schwechater Zwicklbock eine kräftige Bittere zu verleihen. Feiner Aromahopfen Spalter Select als vierte Gabe beim Ausschlagen in den Whirlpool ist so etwas wie der Tupfen auf dem i, ohne das ein Wort wie „Bier" nicht klingen würde. Dieses Beispiel vereinigt im Übrigen gleich alle 3 oben angeführten Kategorien – ausgezeichnete Grundstoffe, spannende Details zum Brauvorgang und ein sehr verlässlicher Braumeister.

**Wer Lust hat, ein Bier richtig zu verkosten, kann sich sein eigenes Schema erstellen oder nach dem der Biersommeliers vorgehen.**

*Das Schema der Biersommeliers:*

- Aussehen
- Duft
- Geschmack
- Nachtrunk

*Wissen ist Genuss*
kein Bier ohne Waage

# Aussehen

Fast immer erfasst das Auge den Untersuchungsgegenstand zuerst. Beim Bier werden Farbe, Transparenz und Schaum bewertet.

## Farbe

Wen täglich grüßt sein Märzenbier, der wird vielleicht glauben, dass alle Bierfarben im Spektrum zwischen Zitronengelb und Gold (EBC 4 bis 8) liegen. Tatsächlich gibt es unzählige Farben und Nuancen. Sie reichen von farblos (Becks Ice, aus Österreich gibt es so etwas noch nicht) bis deckend schwarz. Dazwischen ist fast alles möglich, von einem hellen, transparenten Gelb über Orangetöne und Bernsteinfarben bis hin zu Brauntönen in allen Varianten. Auch rote Biere sind gar nicht so selten, und es gibt sogar Biere mit einem deutlichen Grünstich. Nur die Farben der blauen Phase findet man selten bis nie in unvermischten Bieren.

Im Allgemeinen werden die Farben verbal beschrieben. Biersommeliers verwenden zur Charakterisierung von Farben einerseits ein bestimmtes Vokabular, welches den Farbeindruck wiedergibt, und andererseits Farbskalen, in denen die Farbwerte mit Zahlen ausgedrückt werden. Um Verkostungen besser nachvollziehbar zu machen, wurde von der EBC, der European Brewery Convention, ein Farbcode aufgelegt, mithilfe dessen die Farbwerte als Zahlen dargestellt werden.

| Farbe | EBC |
|---|---|
| Blond | 4 |
| Hell | 5 |
| Gold | 6 bis 8 |
| Orange | 10 bis 12 |
| Bernstein (Amber) | 16 |
| Kupfer | 20 |
| Hellbraun | 25 |
| Braun | >30 |
| Dunkel(braun) | >50 |
| Schwarz | 80 |

## Klarheit

Ist einmal die Farbe beschrieben, wird festgestellt, ob ein Bier klar oder trüb ist. Und ob sich noch mehr Sichtbares (wie etwa Flocken oder ein Bodensatz) zeigt. Es ist vom Bierstil und vor allem vom einzelnen Bier abhängig, ob Klarheit beziehungsweise Trübung erwünscht ist oder nicht. So muss ein Kristallweizen oder Pils klar, ein Zwickel oder ein Hefeweizen trüb sein. Ein trübes Kristallweizen ist also genauso wenig in Ordnung wie ein klares Zwickel. Die Trübung im Bier kann daher rühren, dass es nicht filtriert wurde (mehr darüber im Kapitel Zwickel). Bei manchen Weizenbieren beobachten wir Hefetrübung. Die größtmögliche Klarheit wird mit „glanzfein" bezeichnet. Andere Biere wiederum sind ziemlich klar, haben jedoch einen seidigen Schimmer. Der Biersommelier notiert den Eindruck und vergleicht ihn gelegentlich (wenn er nicht von vornherein weiß, wie das konkrete Bier aussehen sollte) mit der Herstellerinformation.

## Schaum

Zum Unterschied zu anderen, zum Teil ebenfalls hervorragenden Bierkulturen, wie etwa jener in England, haben wir es in Österreich mit Bieren zu tun, die einen schönen Schaum haben sollten.

Auch der Schaum macht das Bier unter den Getränken so einzigartig. Denn nur Bier hat so etwas optisch und haptisch Attraktives wie den Schaum. Beim Verkosten wird nun die Menge des Schaums, die Größe seiner Poren und seine Stabilität notiert. Bei heimischen Bieren wird meist ein stabiler, feinporiger Schaum gewünscht, der sich in ausreichender Menge bildet. Auch die Farbe des Schaums wird festgestellt.

# Duft und Geschmack

*Viele Geschmäcker sind eigentlich Düfte*

Obwohl diese beiden Kategorien hintereinander geprüft werden, ist es sinnvoll, beide in einem Kapitel zu behandeln. Denn viele Geschmackseindrücke, die man gewinnt – vor allem die „ausgefallenen" –, sind eigentlich auf olfaktorische Reize, also Geruchseindrücke, zurückzuführen. Die zahlreichen Rezeptoren der Nasenschleimhaut arbeiten auch, wenn man bereits einen Schluck Bier im Mund hat, also nicht nur, wenn daran gerochen wird.

## Der eigentliche Geschmack: süße, sauer, bitter, salzig und umami

Der eigentliche Geschmackssinn, nämlich jene Eindrücke, die wir über die Rezeptoren auf der Zunge aufnehmen, umfasst nur 5 verschiedene Varianten: süß, sauer, bitter, salzig und umami. Die ersten 4 sind bestens bekannt. Umami, der fünfte, wurde vor 100 Jahren vom japanischen Forscher Ikeda beschrieben. Eine häufig verwendete deutsche Umschreibung von umami lautet „herzhaft". Ohne umami wäre das Repertoire zur Beschreibung eines entsprechenden Biers wesentlich ärmer.

Obwohl die fünf echten Geschmacksrichtungen vor allem von den Rezeptoren der Zunge wahrgenommen werden, finden wir auch Duftnoten, die ihnen entsprechen. Herzhaft sowieso, aber es gibt auch Biere, die süßlich duften, wie etwa manche Böcke, andere wiederum riechen säuerlich. Das gilt natürlich für das eine oder andere verdorbene, weil falsch oder viel zu lange gelagerte Bier. Aber auch für manche Fruchtbiere oder – wenn man einen Blick ins nahe Ausland riskiert – für ein spontan vergorenes belgisches Bier, wie etwa das Grand Cru der Brauerei Rodenbach oder die Oude Gueuze von Frank Boon. Natürlich kann ein Bier auch „bitter" riechen, das hat wohl speziell mit gespeicherten Assoziationen zu tun. Auch Hopfennoten, die erkannt bzw. vom Geschmack her als schön bitter erinnert werden, haben einen ganz charakteristischen Duft. Nehmen wir diesen über unsere Nase wahr, stellt unser Gehirn sofort die Verbindung mit dem Eindruck „bitter" her. Dieses Binding gilt natürlich auch für die anderen Geschmäcker, wenn sie „gerochen" werden.

## Wir haben mehr Geruchseindrücke als Worte

Die Gerüche, die wir wahrnehmen, sind von einer enormen Vielfalt. Schon alleine deshalb lohnt es sich, das Verkosten zu trainieren: Üblicherweise scheitert man nämlich nicht am Wahrnehmen, sondern am Benennen der Düfte. Tatsächlich können wir weit mehr Ge-rüche wahrnehmen, als wir Worte dafür finden. Wer sich hier verbessern will, muss nicht nur das Riechen üben, sondern vor allem seinen Wortschatz erweitern. Außerdem hilft es sehr, jede Gelegenheit wahrzunehmen (etwa auf Märkten, aber auch in Blumenläden und natürlich vor allem in der Natur), um „Gerüche zu sammeln". Auch wenn wir noch lange nicht imstande sind, Gerüche (auch technisch) so abzuspeichern wie etwa Bildliches; und auch wenn wir weit davon entfernt sind, Gerüche allgemein verständlich digitalisieren zu können – Gerüche sind der Schlüssel zum Unbewussten und zu den tiefsten Empfindungen. Das rührt auch daher, dass der Geruchssinn entwicklungsgeschichtlich betrachtet der älteste Sinn des Menschen ist. Ob wir „jemanden riechen" können, entscheiden wir in Sekundenbruchteilen. Lange bevor wir nur eine entfernte Ahnung vom Charakter oder vom beruflichen Tun des Gegenübers haben.

## Nur Mut: Riechen ist Übungssache

Lassen Sie sich auf keinen Fall entmutigen, wenn Sie beim ersten Mal, bei Ihrer ersten Degustation gar nichts „zusammenbringen", wenn Sie also meinen, nichts zu riechen. Verstehen Sie es als Aufforderung zum Üben, Üben und nochmals Üben. Was, angesichts des „Trainingsobjekts", nicht ganz so schwerfallen dürfte.

Das Üben ist das eine Geheimnis der guten Verkoster. Das andere ist, sich selbst zu vertrauen und entspannt zu Werke zu gehen. Sehr hilfreich ist es, zusammen mit anderen zu verkosten oder aus dem Probieren ein kleines Gesellschaftsspiel zu machen.

Der Mensch besitzt etwa 25 Millionen Riechzellen. Rund 350 verschiedene Rezeptoren-Typen können mehr als 10.000 Gerüche erkennen. Absolute Superstars unter den „Flavouristen" – so heißen jene Profis, die das Riechen zu ihrem Beruf gemacht haben, etwa Parfumeure – können 150 bis 170 Gerüche benennen. Und das nach jahrzehntelangem, täglichem Training! Also verzweifeln Sie nicht, wenn Sie an einem Bier riechen und vermeinen, etwas zu erkennen, sich an etwas zu erinnern … aber sie können es nicht in Worte fassen. „Was war das? Ich kenne es doch!" Damit plagen sich alle, auch die, die von Berufs wegen den Geruchssinn strapazieren, immer wieder. Ganz wichtig ist: Trauen Sie sich Ihre Assoziationen auszusprechen! Sie werden öfter zutreffen, als Sie denken. Vertrauen Sie Ihrem ersten Gedanken und Ihrem spontanen Einfall.

## Gehen Sie sich nicht selbst in die Falle

Wenn Sie Spaß daran gefunden haben, Biere zu verkosten und vielleicht die eine oder andere Notiz dazu anzulegen oder sich mit Freunden darüber zu unterhalten, so berücksichtigen Sie dabei folgende sensorischen Eigenheiten:

### WIR NEHMEN NIE MIT EINEM SINN ISOLIERT WAHR

Jede Sinneswahrnehmung wird durch jedes andere Sinnesorgan beeinflusst.

### DER GESICHTSSINN DOMINIERT

Er ist der jüngste und zugleich am besten ausgebildete Sinn.

### DIE VERPACKUNG WIRD IMMER MITGEKOSTET

Etwa das Etikett auf der Flasche – also Aspekte der Gestaltung oder Erinnerungen an die Marke, Image der Marke – oder das Glas, die Glasform, die Farbe des Bieres. Ein durchsichtiges, farbloses, völlig glasklares Bier „schmeckt" garantiert nicht kraftvoll oder mundfüllend, selbst wenn es genau so „ist".

## Die Reinheit des Geschmackes

Bier ist in der Regel ein Frischeprodukt. Zum Unterschied zu Bränden oder zu vielen Weinen reifen die meisten Biere nach dem Abfüllen nicht mehr weiter. Die Faustregel bei den meisten Bieren besagt, dass der Alterungsprozess mit dem Füllvorgang beginnt. Bier bleibt einige Wochen ziemlich frisch, wenn es dunkel und kühl gelagert wird. Aber am besten ist es kurz nach der Füllung.

*Grundsätzlich aber gilt: Die Reinheit des Geschmackes ist ein Kriterium für Bierqualität.*

Ausnahmen sind Biere mit Flaschenreifung (sehr selten) oder sehr starke Biere (Bock „und aufwärts"), die gut altern und im Laufe der Zeit interessante Sekundäraromen entwickeln.

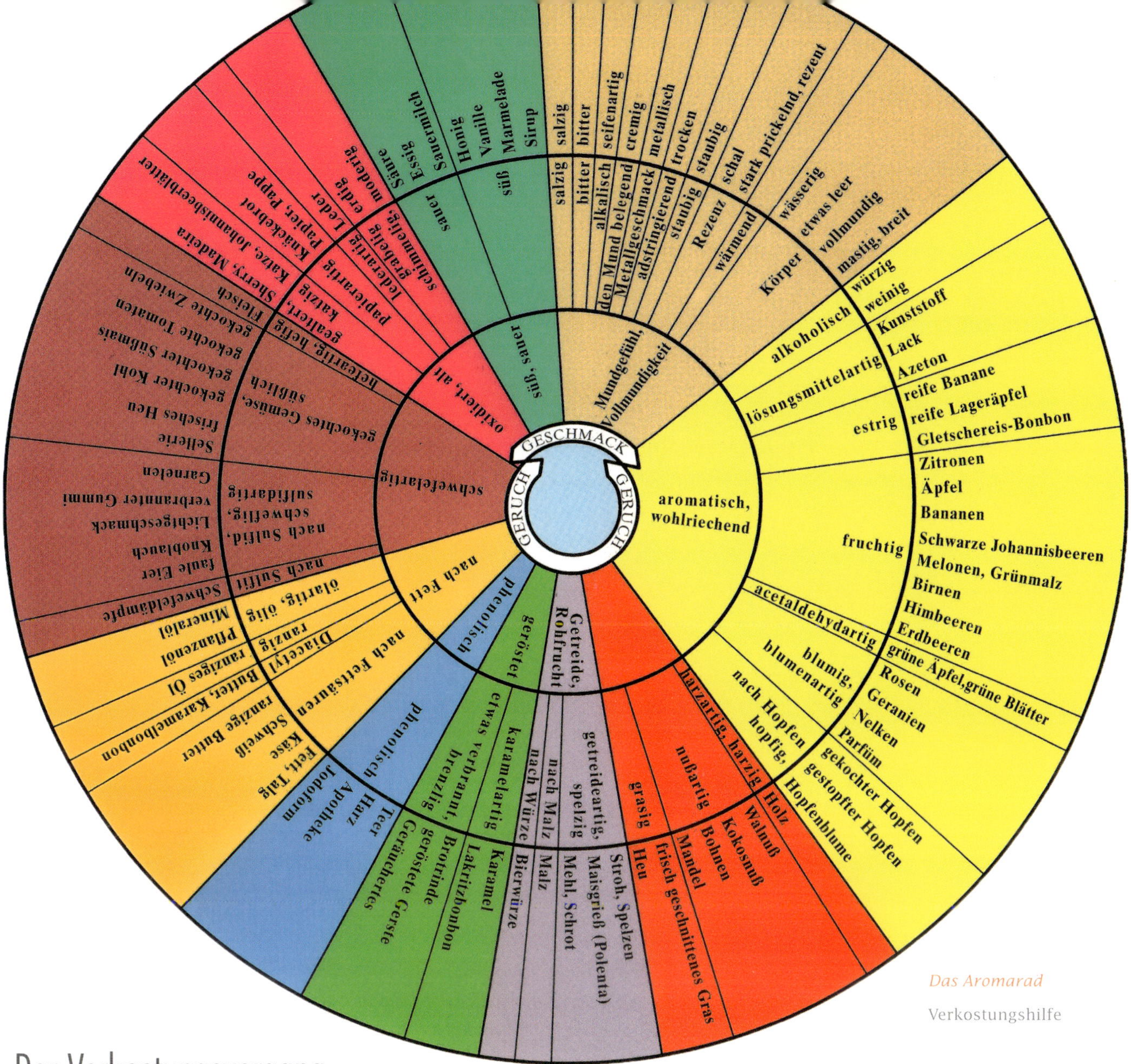


*Das Aromarad*

Verkostungshilfe

# Der Verkostungsvorgang

ZUERST WERDEN DIE OPTISCHEN EINDRÜCKE, FARBE, KLARHEIT BETRACHTEN UND BEURTEILT. DANN NIMMT MAN EINE TIEFE NASE UND BEURTEILT DEN GERUCH. Schließlich wird gekostet. Dabei werden der Antrunk – ist er rezent oder schal? – und das Mundgefühl beurteilt. Hier werden, wie beim Riechen, alle Geschmacksassoziationen festgehalten:

**Schmeckt das Bier nach Früchten? Hat es eine zarte Tabaknote? Herrscht Malzigkeit vor oder der Hopfen?** Zu guter Letzt wird der Nachtrunk bewertet. Je länger er wahrgenommen wird, desto besser das Bier. Umgekehrt gilt: Wenn das Bier im Abgang „abreißt", also ganz schnell keine Eindrücke mehr liefert, ist das ein Zeichen geringerer Güte. Verbleiben die Eindrücke jedoch lange und spielen sich vielleicht sogar kleine britzelnde Hopfenfeuerwerke auf der Zunge ab, lange nachdem man das Bier geschluckt hat, dann können Sie gewiss sein, von etwas sehr Gutem gekostet zu haben.

# Bier-Beschreibungen

Wer schon einmal Weinbeschreibungen gelesen hat, weiß, dass solche Texte gelegentlich etwas ausschweifend formuliert werden. Es gibt einen freundlichen Disput zwischen Bier-Hardlinern einerseits und Cross-Over-Denkern andererseits. Während Erstere den Schatz der Biersprache behüten wollen und von „bierigen" im Gegensatz zu „nichtbierigen" Ausdrücken sprechen, spötteln die anderen über die Ausdrucksarmut der Bierpuristen (nicht zu verwechseln mit den bier.pur-isten, also mit jenen, die das einzige deutschsprachige Publikumsmagazin machen, das sich ausschließlich dem Thema Bier widmet).

## Biersprache

Tatsächlich scheint es angebracht, bei den Bierbeschreibungen eine gewisse Strenge walten zu lassen und nicht von allen Blüten des Wein-Sprechs abzukupfern. Aber eine etwas weiter gefasste, lebendigere Sprache kann den Bierbeschreibungen gewiss nicht schaden.

*Damit das Ganze nicht theoretisch bleibt, hier ein paar Kostnotizen zu österreichischen Bieren.*

## *Schnaitl Dunkel*

Transparentes Kastanienrot. Man will gar nicht aufhören, in das Glas hineinzuriechen. Der weiche, volle, malzige Geruch verspricht viel, aber noch mehr wird am Gaumen gehalten. Dort ist das Bier dann – angenehm – überraschend trocken. Ein guter Kontrast zur Intensität der Aromatik. Durch und durch sauber. Nach dem langen und gut gehopften Nachtrunk liegt nur mehr eines auf der Zunge. Der Ausspruch: „Das ist aber ein gutes Bier!"

## *Puntigamer Panther*

Sattes Gold, dichter Schaum. Frisch und vornehm zurückhaltend, mit einem zarten Anklang von Eisen im Duft. Rezenter Antrunk, gute, bissfeste Konsistenz. Lebendige, aber niemals scharfe Kohlensäure. Malzige und hopfige Noten begleiten den ziemlich langen Nachtrunk. Das Panther setzt zum Sprung an – es animiert zum nächsten Schluck.

## *Stiegl Monatsbier „Alt"*

Röstige und nussige Aromen in der Nase. Der Antrunk ist cremig-frisch. Am Gaumen ist das Bier schön trocken, mit einem feinen Kontrast von zartem Karamell. Der Nachtrunk ist von guter Länge; feine Hopfenakzente begleiten den Genuss bis zum Schluss.

## Freistädter Bio-Zwickel

Leuchtendes Bernstein (18 EBC), seidige Trübung. Der dichte Schaum aus sehr feinen Poren hält lange. Sauberer Duft, zart mit Karamellnoten durchsetzt. Antrunk rezent feingliedrige Struktur, ausgewogen mit dezentem Druck am Gaumen. Der kommt wohl von der guten Hopfung, die sich am Ende des langen Nachtrunks noch einmal angenehm bemerkbar macht.

## EGG Wälder Spezial

Helles, strohiges Gelb (5 EBC). Animierender Duft – eine Hopfenexplosion! Spitzenbier, elegant und pilstypisch. Schöne Schlankheit bei sehr viel Aroma. Das Kribbeln auf Zunge und Gaumen kommt nicht nur vom $CO_2$, sondern vom „ganzen Bier". Gute Konsistenz, würzige Bittere. Langer, prickelnder Nachtrunk.

## HOFSTETTEN Hochland Honigbier

Leuchtendes Gold (9 EBC), glanzfein. Eine dezente Honignote gibt dem Bier bereits im Duft etwas Weiches, Geschmeidiges. Der Antrunk ist erfreulich rezent und frisch. Erst später kommen wieder diese Töne vom Honig, die das Bier dem Gaumen schmeicheln lassen. Im sehr langen Nachtrunk kommen die nach wie vor dezenten Honigtöne erst auf, nachdem die kräftigen Hopfennoten verklungen sind.

## SCHLEPPE 1607 Premium

Dunkles Gold (10 EBC), glanzfein. Sehr engmaschiger, schöner Schaum. Hopfig-floraler Duft, durchzogen von röstigen (frisch geröstete Kaffeebohnen), metallischen Noten und einem Anklang an Waldhonig. Rezenter Antrunk. Am Gaumen spielen süße Malznoten mit der Herbe des Hopfens und der gut eingebundenen Kohlensäure. Im langen Abgang dominiert – vor allem zum Ausklang – eine markante Hopfenbittere. Spannend.

## WEITRA BRÄU Das Helle

Leuchtendes, sattes Gold (12 EBC), glanzfein. Schöner Schaum mit kleinen bis mittelgroßen Poren. Im Duft angenehme Malznoten. Rezenter Antrunk, guter Trinkfluss. Viel Geschmack im Mund. Druck am Gaumen. Schöner Nachtrunk, in dem die gute Rezenz des Bieres und seine Geschmacksfülle, im Abschluss auch noch die dezenten Hopfennoten miteinander spielen. Ein sehr gutes Märzen.

## HOFSTETTEN Kürbisbier

Gold (8 EBC), leichte Trübung. Fruchtig-gemüsiger Duft. Antrunk glatt mit einer feingliedrigen Rezenz. Im Geschmack dominiert der Kürbis. Die engmaschige Kohlensäure britzelt angenehm leicht auf der Zunge. Auch im geschmeidigen Nachtrunk schmeckt man die Kürbisnoten gut heraus. Geringe Bittere.

# Mundgefühl

Wer lieber im klaren Rahmen der rein bierigen Ausdrucksweise verbleibt, kann sich an das „Aromarad" halten, wie es im Fachverlag Hans Carl erschienen ist und von dort auch bezogen werden kann. Neben Düften und Geschmäckern bietet das Aromarad auch verschiedene „Mundgefühle" an. Ein Bier kann demnach „den Mund belegend" oder „adstringent" sein. Letzteres meint das Gefühl, wenn die in den Mund genommene Flüssigkeit denselben so richtig zusammenzieht.

Trocken, cremig oder staubig sind weiter Mundgefühle nach dem Aromarad. Ich empfehle zusätzlich, ein Bier auch danach zu untersuchen, ob es „Druck am Gaumen" macht. Das muss ein gutes Bier sein, es ist das Gegenteil von „schal" – und schal ist bei fast allen Bierstilen das Letzte, was wir uns wünschen.

## Vollmundigkeit

AUCH DIE VOLLMUNDIGKEIT KÖNNEN WIR BEURTEILEN.

Ein Bier ist entweder wässrig – das ist das eine Ende der Skala – oder, am anderen Ende, mastig beziehungsweise breit. Ein Stout (das ist ein englischer Bierstil, der gelegentlich auch in Österreich gebraut wird, etwa von Gerhard Forstner in seiner Handbrauerei in Kalsdorf bei Graz) heißt sogar nach seiner Mastigkeit. Stout kann man nämlich mit „stämmig" übersetzen. Der Bierstil hieß ursprünglich „Stout Porter", mit der Zeit hat man, der Einfachheit halber, das zweite Wort weggelassen. Dazwischen liegen 2 weitere Konsistenzen: erstens „etwas leer", wie es das Aromarad festlegt. Ich würde da eher „schlank" vorschlagen. Das klingt nicht so verloren. Die obere Mitte heißt einfach „vollmundig". Dem braucht man nichts hinzuzufügen.

## Balance: Hopfen – Malz

BEVOR WIR UNS IN DER PRÜFUNG VON DUFT UND GESCHMACK MIT ALLZU EXOTISCHEN NUANCEN BESCHÄFTIGEN, SOLLTEN WIR UNS MIT DER BALANCE ZWISCHEN DEN SINNLICHEN AUSPRÄGUNGEN DER BEIDEN WICHTIGEN BIERROHSTOFFE HOPFEN UND MALZ AUSEINANDERSETZEN.

Fast immer ist es für die Qualität eines Bieres ausschlaggebend, ob diese beiden Komponenten im sinnlichen Ausdruck miteinander harmonieren. Es kann oft ganz wunderbar sein, wenn die Herbe, welche der Hopfen dem Bier schenkt, dafür sorgt, dass die – eventuell süßen oder süßlich wirkenden – Extraktstoffe des Malzes das Bier nicht breit oder plump machen können. Umgekehrt kontrastiert die Vollmundigkeit, welche wir dem Malz zu verdanken haben, angenehm die sonst vielleicht zu ruppig wirkende Bittere des Hopfens. Die Balance kann ein gutes Bier ausmachen. Meistens ist das der Fall, aber nicht immer. Einige spezielle Biere „leben" geradezu davon, deutlich aus der Mitte zu schlagen.

# Rezenz

Bitte haben Sie jetzt ein paar Zeilen Geduld. Auch wenn sich Rezenz als sensorischer Eindruck in Sekundenbruchteilen erschließt – wenn man darüber reden soll, muss man einen kleinen Umweg gehen. Wieder ein Beweis dafür, dass es gut ist, über Bier zu schreiben oder zu reden, aber viel besser, es mit einem angemessenen Schluck zu genießen.

REZENZ IST EIN BIER-FACHWORT, DAS NICHT EINFACH MIT EINEM ANDEREN BEGRIFF AUS DER DEUTSCHEN SPRACHE TRANSKRIBIERT WERDEN KANN.

In manchen Lexika wird als Übersetzung der „Frischeeindruck" gewählt. Dies würde implizieren, dass ein Bier nur dann „frisch" wirken kann, wenn es rezent wirkt. Aber Rezenz muss nicht unbedingt ein Biermerkmal sein. Es gibt internationale Bierstile, die so zu brauen sind, dass das fertige Produkt ohne Rezenz vorliegt. Auch diese können frisch sein. Für die Verkostung heimischer Biere reicht uns aber dieses Wort, weil den größten Teil des Ausstoßes der österreichischen Brauereien Biere ausmachen, die einen – dank ihres **rezenten** Mundgefühles – **prickelnden** Genuss bieten.

## Kohlensäure und pH-Wert

DIESER PRICKELNDE GENUSS WIRD DURCH DEN GEHALT VON KOHLENSÄURE UND DEN PH-WERT DES BIERES ERMÖGLICHT.

Dabei beschreibt der pH-Wert, ob die Flüssigkeit im chemischen Sinn eher „sauer" oder „basisch" ist, wobei sich die Unterschiede in Zehntel- oder Hunderstelwerten, also hinter dem Komma ausdrücken. Was hier so langweilig-technisch zu beschreiben ist, kann sensorisch große Freude bereiten.

Oder eben nicht. Wie groß kann der Ärger über ein Bier sein, dessen Rezenz massiv zu wünschen übrig lässt. Wir kennen das: Ein schales Bier (das vom Typ her rezent sein sollte) kann ziemlich abstoßend wirken. Hingegen gehört gerade die Rezenz zu jenen Merkmalen eines Bieres, die den großen Genuss ausmachen.

Nicht selten versuchen Bierwerbespots diesen Genuss zu verbildlichen, indem die Schauspielerinnen und Schauspieler ein gezogenes „Aaaah" von sich geben, wenn sie das Glas von ihren Lippen absetzen. Werden Bierflaschen oder -gläser für Werbezwecke fotografiert, so versucht man durch Tropfen die Frische zu symbolisieren. Eine deutsche Marke wirbt mit dem Slogan „Prickelt länger, als man trinkt". Eine Untersuchung von Bierwerbespots hat gezeigt, dass erst der eine Tropfen, der nach dem Einschenken eines Bieres außen über das Glas hinunterläuft, zu deutlichem Speichelfluss bei den Betrachtern führt.

## Frische

FRISCHE IST UNS ALSO FÜR NAHEZU ALLE ÖSTERREICHISCHEN BIERE SEHR WICHTIG.
Ich betone „österreichische" in diesem Zusammenhang, weil es, wie oben bereits angedeutet, Biere gibt, die völlig ohne Kohlensäure auskommen. Einige sollen lauwarm oder sogar warm getrunken werden. Die Temperatur des Biers beeinflusst den Frischeeindruck sehr, nicht nur die Rezenz. Deshalb ist es auch so wichtig, dass ein Gastronomiebetrieb sein Bier, also seine Rezenz und Temperatur, pflegt.

WER LUST HAT, SEINE EINDRÜCKE BETREFFEND REZENZ ZU FORMULIEREN ODER AUSZUSPRECHEN, KANN SICH DES BEWERTUNGSSCHEMAS DER DLG (DEUTSCHE LANDWIRTSCHAFTS GESELLSCHAFT) BEDIENEN.
Die DLG veranstaltet alljährlich umfangreiche Biertests, an denen österreichische Brauereien teilnehmen und auch immer wieder Goldmedaillen holen. Zu „Rezenz" sieht die DLG die folgenden Kategorien vor:

*DLG „Rezenz"-Kategorien:*

›› angenehm rezent

›› rezent

›› wenig rezent

›› schal

›› sehr schal

# Nachtrunk

*Der Abgang gehört zu den wichtigsten Qualitätsmerkmalen eines Bieres. Wenn er „abreißt“, gehört es einfach nicht zu den ausgezeichneten Produkten. Der Nachtrunk sollte einerseits der krönende Abschluss eines harmonischen Bogens sein und andererseits auch ein Eigenleben haben.*

Der Hopfen bestimmt den Nachtrunk wesentlich mit, gerade seine Nuancen können im Ausklang noch einmal zur Geltung kommen. Auch die Lebendigkeit eines Bieres kann sich dort noch einmal zeigen. Ein feines Nachprickeln, das man wie ein angenehmes, ganz zartes elektrisches Britzeln empfindet, kann ziemlich Eindruck machen. Ganz allgemein kann man sagen, dass ein langer Nachtrunk besser ist als ein kurzer.

# Bittere

Wie bereits in der Einleitung angedeutet, scheiden sich bei der Bittere die Geister. Insbesondere einige Bier-Novizen können mit bitteren Bieren wenig anfangen. Und dass sich diese persönliche Geschmacksvorliebe im Lauf der Zeit ändern wird, ist keine ausgemachte Sache. Es gibt erfahrene Bierspezialisten, die selber zu Hause brauen und dabei Biere mit geringer Bittere bevorzugen.

*Hopfengarten*

Hopfendolden

## Hopheads lieben die Bittere im Bier

Menschen, die sich mit Bier – auch gedanklich – intensiver beschäftigen, schätzen meist auch die Bittere im Bier. Es gibt sogar richtige Bitter-Freaks, man nennt sie „Hopheads" (also Hopfen-Köpfe), eine Gruppe, der ich mich selbst zurechne. Für uns ist es besonders bedauerlich, dass einige Brauereien zurzeit die Bitterwerte ihrer Produkte reduzieren. Da der Hopfen nur in kleinen Mengen dem Bier beigegeben wird, ist dieser Trend wohl weniger auf die Preisexplosion bei diesem Rohstoff zurückzuführen als auf eine Produkt-Marketing-Maßnahme. Auf diese Weise versucht man, „auf den Geschmack des Marktes" zu reagieren. Glücklicherweise zeigt sich aber auch, dass es lohnend sein kann, wenn eine Marke mit ihren Produkten den Wellenbewegungen des Zeitgeschmackes trotzt und somit deutlich Profil zeigt.

*In den Kapiteln zum Bierstil „Pils" und zum Rohstoff „Hopfen" findet sich einiges mehr zum Thema „Bittere". Hier, im sensorischen Teil des Buches, wollen wir auf den Wert „BE" oder „EBU", also die europäische Bittereinheit, hinweisen und erneut das DLG-Schema heranziehen. Unter „Qualität der Bittere" werden dort folgende Kategorien geführt:*

- *sehr fein*
- *fein*
- *etwas nachhängend*
- *nachhängend*
- *stark nachhängend*

## Durchschnittliche Bittereinheiten und Bitterstoffgaben

| Biersorte | Gramm Alphasäure pro Hektoliter Bier | Bittereinheiten |
|---|---|---|
| Weißbier | 5 bis 7 | 14 bis 20 BE |
| Bockbier | 6 bis 8 | 19 bis 23 BE |
| Märzen | 7 bis 8,5 | 20 bis 25 BE |
| Alkoholfrei | 7 bis 9 | 20 bis 28 BE |
| Export | 7,5 bis 11 | 22 bis 30 BE |
| Pils | 10 bis 16 | 28 bis 40 BE |

*Der Weltbedarf an Alphasäure beträgt 7.000 Tonnen pro Jahr.*

Quelle: Technologie Brauer & Mälzer, Berlin 2007

## Die hängende Bittere

Eine hängende Bittere ist Ausdruck eines Qualitätsmangels. Man hat im Mundgefühl beim Nachtrunk den Eindruck, dass die Bittere nicht harmonisch nachschwingt (ein lang anhaltender Nachtrunk ist ein sehr positives Qualitätsmerkmal), sondern fast unangenehm nach-„hängt" (daher auch die Bezeichnung). Ein grober bis ruppiger, keinesfalls aromatisch-feiner Eindruck in unangemessener Intensität trübt im Nachhinein den Biergenuss. Dieser wird verschärft, wenn die Bittere obendrein als „kratzig" empfunden wird. Ist die Bittere stark nachhängend, kann es in der Kehle zu einer Reaktion kommen, welches für ein paar Minuten sogar die Klarheit der Stimme leicht beeinträchtigt.

*Länger anhaltende Nachwirkungen oder gar gesundheitliche Beeinträchtigungen entstehen aber auch beim kratzigsten Bier in keiner Weise. Es geht hier ausschließlich um qualitative Feinheiten.*

# Bier zapfen, aber richtig!

## *Denn ein frisches Bier vom Fass kann ganz fantastisch sein – ist es aber nicht immer.*

Ein frisch gezapftes Bier! Danach lechzen Herz und Zunge. Nach wie vor hat „Bier vom Fass" den besten Ruf bei Biergenießerinnen und Biergenießern. Das soll auch so bleiben – beziehungsweise sollte unser gemeinsames Streben dazu beitragen, dass die entsprechende Grundlage für diesen guten Ruf geschaffen wird.

## Die letzten Meter

„Ein gutes Bier beginnt am Feld", pflegt der Stiegl-Chef Heinrich Dieter Kiener zu sagen. Bereits die Pflege der landwirtschaftlichen Rohstoffe Braugerste und Hopfen entscheidet, ob wir ein passables, gutes oder ausgezeichnetes Bier bekommen. Aber wo enden die Bemühungen um Bierqualität? Im Idealfall frühestens an den Lippen des Genießers.

Tatsächlich endet das Streben nach gutem Bier am Tag nach dem Genuss. Denn nur ein einwandfreies, blitzsauberes Bier zeitigt keine Nachwirkungen. Zum Glück trifft das auf beinahe alle Biere heimischer Brauereien zu. Wenn Sie gepflegt bis zum Gast kommen.

Denn das kühle Bemühen um ein gutes Bier verkümmert viel zu oft auf den letzten Metern oder sogar Zentimetern vor dem Glas. Dabei kommt diesem Endspurt große Bedeutung zu. Denn beim Zapfen kann man viel leichter Fehler begehen, als dies allgemein vermutet wird.

## Keine böse Absicht

Die meisten Schankfehler entstehen deshalb, weil das Wissen um das richtige Zapfen fehlt oder nicht vollständig vermittelt wurde. Selbst Ausbildungsstätten vermitteln das Zapfen nicht immer lückenlos und fehlerfrei. Und auch unter den Konsumenten ist das Wissen über richtiges Zapfen wenig verbreitet. Aber: Je mehr Bierfreunde die Schanktodsünden kennen, desto schneller wird auch aufseiten der Gastronomie ein Umdenken entstehen und ein bisschen mehr in das Wissen um richtiges Zapfen investiert.

Das „Verderben" von Bier auf den letzten Metern ist aslo ein größeres Problem, als man annehmen möchte. Und ein internationales obendrein. Österreich genießt hier keine Ausnahmestellung, weder im Guten noch im Schlechten. Deshalb hat die amerikanisch-österreichische Firma Thonhauser im Herbst 2008 zum ersten „Draft Beer Congress" nach Wien eingeladen. Höchstrangige Braumanager aus vielen Staaten der Welt – von Argentinien bis Russland – sind dem Ruf gefolgt und haben Lösungsvorschläge großen Stils diskutiert. Aufklärungsoffensiven gehörten natürlich dazu.

Grundsätzlich sind positive Darstellungen und Verbesserungsvorschläge zu befürworten. Aber der Schankbereich birgt so viele Probleme, dass eine drastische Darstellung angemessen erscheint.

## Die Exit-Strategie

Wenn einmal der Verdacht besteht, dass in einem Lokal das Fassbier nicht tipptopp ist, sollte man auf Flaschenbier umsteigen.

# Die 7 Schank-Todsünden

TODSÜNDE 1

## *Altes Bier*

Ist ein Fass einmal angeschlagen, sollte es in möglichst kurzer Zeit geleert sein. 3 Tage wären ideal, ein paar Tage mehr stellen kein grobes Problem dar.

Hat ein Lokal dafür zu wenig Bierumsatz, sollte dort unbedingt auf den Ausschank von Fassbier verzichtet werden. Gut gelagertes Flaschenbier ist dann die weit bessere Variante.

TODSÜNDE 2

## *Falsche Trinktemperatur*

Es heißt korrekt **Trink**-Temperatur und nicht Ausschanktemperatur. Diese stellt man den Voraussetzungen entsprechend ein: Wie weit ist der Weg zum Gast? Welche Temperaturen herrschen? usw.

Also: Im Sommer soll das Bier kühler serviert werden als im Winter – man kann etwa 2 Grad Differenz ansetzen. Eiskaltes Bier im Winter ist genauso ein Ärgernis wie lauwarmes im Sommer.

TODSÜNDE 3

## *Falsches Zapfen*

›› **Der Zapfhahn sollte keinesfalls in das Bier hineinreichen** (einer der häufigsten Fehler).

›› **Das Verwenden von Schaumlöffeln oder Schaumabstreifern ist strikt zu vermeiden.** Mit der richtigen Zapftechnik (die ein geschickter Mensch in einem halben Tag erlernt) kann der Schaum so dosiert werden, dass er genau in der richtigen Höhe am Bier steht.

›› **Es ist grundfalsch, Bier aus mehreren Gläsern zusammenzuschütten.** Wer so etwas beobachtet, sollte sofort sein Bier abbestellen (oder, wie gesagt, auf Flaschenbier ausweichen).

›› **Niemals ein Tropfglas (ein Glas unter dem Zapfhahn, in das derselbe hineintropfen kann) verwenden.** Es wirkt völlig amateurhaft, schaut eklig aus und verleitet vielleicht doch jemand (ein Aushilfe?) dazu, den „Hansl" (wienerisch für abgestandenes Bier) zu verwenden.

›› **Niemals vorzapfen.** Auch wenn die Routine sagt, dass jemand in den nächsten Minuten ein Bier bestellen wird. Wozu soll so eine abgestandene Lacke gut sein?

›› **Bier, das in den Leitungen „stand", darf niemals angeboten werden.** Über Nacht oder in längeren Schankpausen bleibt Bier in den Leitungen, das muss vor dem Zapfen abgelassen werden.

›› **Der erste Schuss muss weggeleert werden.** Das erste Bier unmittelbar nach dem Anzapfen ist nicht zum Verzehr bestimmt.

Zapfen ist eine kleine Kunst. Man setzt dem Bier die Krone auf (aus stabilem, feinporigem Schaum) und verliert dabei so wenig $CO_2$-Gehalt wie möglich. Man soll beherzt und großzügig zapfen, also weder zögerlich noch „klein-klein". Ein einmaliges Absetzen des Glases – etwa für eine halbe Minute –, um den Schaum setzen zu lassen, ist zulässig, Zapfen in zahlreichen Etappen hingegen nicht.

TODSÜNDE 4

## *Schlechter Schaum*

Der Schaum gehört zu den Besonderheiten des Getränkes Bier. Fast alle österreichischen Biere sind mit einem stabilen feinporigen Schaum zu zapfen.

TODSÜNDE 5

## *Gebrauchtes Glas am Spülkranz spülen*

Nur frisch gewaschene Gläser dürfen (und müssen) mit ihrem Trinkrand am Spülkranz befeuchtet werden. Wer bereits gebrauchte Gläser dort spült, initiiert eine Herpes-Zucht am Spülkranz. Von noch schlimmeren Dingen wollen wir hier gar nicht reden.

Wir kennen diese Situation: Jemand sitzt vor dem Tresen, dahinter der Zapfhahn und die Bedienung. Der Gast hat ausgetrunken und hält sein Glas dem Mann (oder der Frau) an der Schank hin – „Ich brauch kein frisches." Darauf gibt es nur zwei Antworten. „Für dich (Sie) haben wir sehr gerne ein frisches Glas" – dann kann natürlich gespült werden. Oder man zapft richtig, also ohne Eintauchen des Hahnes in das Bier, in das gebrauchte Glas. Letzteres, also das Eintauchen des Hahnes, ist tunlichst zu vermeiden. Kommt es zu Diskussionen mit dem Gast, kann man ihm ja auch einmal erklären, warum man für jedes Bier richtigerweise ein frisches Glas verwendet. In keinem Fall darf das gebrauchte Glas zum Spülkranz! ››

TODSÜNDE 6

# „Druckfehler“ bei der Kohlensäure

Zur Erörterung dieses Kardinalfehlers braucht es ein wenig technisches Hintergrundwissen. Wir zitieren aus den Unterlagen für die Ausbildung zum Diplom-Biersommelier, die bei Doemens ausgearbeitet wurden:

> *„Bei nicht angeschlossenem Fass bildet sich ein Gleichgewicht zwischen dem im Bier gelösten $CO_2$ und dem gasförmigen $CO_2$ im Kopfraum des Fasses. Dieses Gleichgewicht geht verloren, wenn das Fass ohne $CO_2$-Gegendruck angeschlossen wird. Der Druck sinkt während des Zapfens ab und der $CO_2$-Gehalt des Bieres verringert sich mit der Zeit. Dies kann dadurch verhindert werden, dass man das Bier im angeschlossenen Fass mit Druckgas beaufschlagt."*

Ohne Druckgas verliert das Bier also einiges an Kohlensäure – die Rezenz und die Typizität des Bieres gehen verloren. Das Bier schmeckt schal und fad.

Aber auch ein zu hoher Gasdruck schadet dem Bier. Doemens nennt dies den „Druckfehler II": „Durch den für die Förderung des Bieres benötigten Druck, der über dem Sättigungsdruck des Bieres liegt, besteht die Gefahr, dass der $CO_2$-Gehalt im Bier erhöht wird. Diesen Effekt nennt man „Aufkarbonisieren". Das Bier prickelt danach viel zu stark, so sehr, dass es im Mund unangenehm wird. Der zu hohe Gehalt an $CO_2$ überdeckt außerdem die für das Bier typischen Geschmackseindrücke. Fazit: Zur Aufrechterhaltung der spezifischen typischen Frische muss der Gasdruck richtig bemessen werden.

Die gilt auch gegen das weit verbreitete Gerücht, dass ein „mit Luft gezapftes" Bier besser schmeckt als eines mit $CO_2$. Tatsächlich sollte dem Bier der ihm typische $CO_2$–Gehalt belassen werden. Dann ist es am besten.

TODSÜNDE 7

# Mangelnde Hygiene

Bier ist ein besonders „empfindliches" Lebensmittel. Deshalb arbeiten die Brauereien auch sehr sorgfältig und sauber. Schankanlagen müssen unbedingt regelmäßig gereinigt werden. Sonst bildet sich in den Schläuchen und Armaturen ein „Biofilm", über dessen Zusammensetzung wir uns hier nicht näher unterhalten wollen.

Ebenfalls wichtig: Das hygienische Arbeiten am Tresen. Wo und worauf stehen die Gläser? Wird der berüchtigte „gelbe Fetzen" verwendet, der nichts anderes kann, als Mikroben zu verteilen? Steht irgendwo ein Aschenbecher? usw. All das hat bei der Zapfanlage nichts verloren.

## Die Geschichte einer Ausnahme

Vor Jahrzehnten konnte man im damaligen Gösser Bräu Leoben ein Biermenü ordern. Es bestand aus einem Seidel Märzen und einem Krügel Spezial. Das Spezial wurde dort ins Glas getropft. In einer ganzen Galerie von Zapfhähnen standen die schönen geschwungenen Gläser und bekamen dort ihren festen, weißen Kegelstumpf aufgesetzt. Dieser Vorgang dauerte tatsächlich ein paar Minuten, meiner Erinnerung nach ungefähr eine Viertelstunde. Das Seidl Märzen kam sofort, damit der Bierdurst gestillt werden konnte und man sich damit die Wartezeit auf das Spezial lustvoll vertreiben konnte.

Diese Art des Zapfens widerspricht zwar in einigen Punkten den oben dargestellten Regeln. Aber das war Bierkultur par excellence. Wer so viel Kreativität besitzt, ein Verfahren zu entwickeln, das die allgemeinen Zapfrichtlinien hier und dort übertrifft, kann und darf sie ohne Zweifel abändern. Für die allermeisten aber gilt, die Grundregeln korrekten Zapfens richtig zu befolgt. Damit die Zapfsünden dorthin kommen, wo sie längst hingehörten: ins Biermuseum.

## Es gibt kein „7-Minuten Bier"

Zum Abschluss soll hier noch einem hartnäckigen Gerücht der Garaus gemacht werden: dass ein ordentlich gezapftes Bier 7 Minuten „braucht". Das ist schlicht Unfug. Um ein ordentliches Bier zu zapfen, braucht man 2 Minuten.

# Festivals der Biervielfalt

*Ein weiteres Anzeichen für eine im Aufbruch befindliche Bierszene sind Bierfestivals, die sich in Österreich in jüngerer Vergangenheit etablierten.*

Grundsätzlich sind Bier und Fest auch hierzulande eine seit Jahrhunderten überaus beliebte Kombination. Neu an den Festivals der Biervielfalt ist, dass unterschiedliche Biere (die Betonung liegt auf „unterschiedliche") im Mittelpunkt der Veranstaltungen stehen. Dort geht es nicht darum, sich einfach zu berauschen und dabei der einen oder anderen (gelegentlich fragwürdigen) musikalischen Darbietung zu lauschen. Vielmehr steht die Bandbreite der Möglichkeiten, ein gutes Bier zu brauen, im Mittelpunkt dieser Festivals der Biervielfalt. Die großen und besonders die kleinen Brauereien nützen solche Gelegenheiten, um ihre Biere einem wachsenden, interessierten Publikum vorzustellen.

# Das BierIG Festival der Biervielfalt

MAN KANN DÜFTE, KONSISTENZEN UND GESCHMÄCKER UNTERSCHIEDLICHER BIERE AM BESTEN VERGLEICHEN, WENN MAN SIE UNMITTELBAR HINTEREINANDER VERKOSTET.

Neben Degustationen sind derartige Festivals dazu die beste Gelegenheit. Die BierIG, ein privater Verein, der die Biervielfalt mit viel Verve verteidigt, hat ein vorbildliches Festival ins Leben gerufen und auch den programmatischen Titel dafür kreiert.

Die Gastronomie-Fachfrau Helene Hanghofer leitet seit 2008 die BierIG, welche zum Zeitpunkt ihrer Inthronisation knapp 600 Mitglieder vereinte. Als Präsidentin „beerbte" sie Ihren Gatten Hubert Hanghofer, einen überaus kundigen Heimbrauer. Hubert H. hat das lesenswerte Buch „Gutes Bier selbst brauen" verfasst und damit einen richtigen Bestseller gelandet. Der Bierexperte wirkt heute maßgeblich daran mit, die nachkommenden Generationen von Diplom-Biersommeliers in der Braupraxis auszubilden.

Im Oktober 2009 veranstaltet die 2002 gegründete BierIG zum siebten Mal ihr Festival der Biervielfalt in der Stadt Salzburg. Dem Vernehmen nach wird dann auch wieder die Brau Union ihre Biere präsentieren. (Sie hat sich im Jahr 2008 eine schöpferische Teilnahmepause gegönnt). Damit ist heute schon garantiert, dass das Festival erneut wachsen wird. Denn auch ohne den heimischen Marktführer hat die BierIG 2008 mehr als 250 verschiedene Biere aus der ganzen Welt zusammengebracht. Für internationale und „exotische" Biere – einige wurden sogar von den Antipoden eingeflogen – sorgte der Stand der Biersommeliers. Das erweiterte für viele den Horizont, erbrachte aber auch den Beweis, wie gut sich österreichische Biere im internationalen Vergleich behaupten können. Gerade solche Veranstaltungen setzen die Fähigkeiten österreichischer Braumeister ins richtige Licht. Zudem zeigen sie, dass jede einzelne Entscheidung der Brauer zur Stil- und Sortenvielfalt Unterstützung verdient.

Das BierIG Festival der Biervielfalt zeigte 2008 Biere von mehr als 70 Brauereien aus 12 Nationen, die meisten Biere kamen auch in diesem Jahr aus Oberösterreich. Neben der großen Publikumsverkostung fanden im Rahmen des BierIG Festivals auch Sitzungen einer Fachjury statt, bei denen in 10 Kategorien Siegerbiere herausgekostet wurden. Einige Beispiele erster Sieger:

- *Märzen: Schnaitl Original 1842*
- *Zwickel: Hofstetten Kübelbier*
- *Kreativbiere: Hofstetten Kürbisbier*
- *Pils: Schnaitl Pils de Luxe*
- *Starkbiere: Freistädter Weihnachtsbock*
- *Helle Weizenbiere: Salmbräu Weizen*

## Das Falstaff Festival der Biervielfalt

Die heimische Zeitschrift „Falstaff" veranstaltet gemeinsam mit dem „Bierpapst" und Publizisten Conrad Seidl ihr eigenes Festival der Biervielfalt. 2007 fand es beim Backhendlwirt „Gasthof Gartenrast" im kärntnerischen Untertweng bei Radenthein statt. Dort werden 40 heimische und internationale Biere angeboten.

Beim „Falstaff Festival der Biervielfalt" wird vor allem auf den Aspekt des Bieres als Speisenbegleiter Wert gelegt. Der Fernsehkoch Marco Krainer führte durch den langen Abend, Brauer und Braumeister teilten ihr Wissen mit dem Publikum. Und das Wichtigste: Es wurden 27 Biere gezapft. 2009 findet das „Falstaff Bierfestival" am 18. Juni im „Wiener Universitätsbräu" statt.

## Die Staatsmeisterschaft der Klein- und Hausbrauer

2009 fand die Staatsmeisterschaft am 21. März, während der Biermesse in Ried statt. Auch hier wirkt die BierIG maßgeblich mit. Ab 2009 wird die Staatsmeisterschaft in 2 Kategorien durchgeführt. Für den Hausbrauer-Award sind alle Hobbybrauer ohne kommerzielle Nutzung ihrer Leidenschaft teilnahmeberechtigt. Der andere Preis wird an den besten Kleinbrauer vergeben.

## Das Mühlviertler Bierfestival

2008 wurden an einem Freitag und einem Samstag insgesamt 60 verschiedene Sorten aus 11 Brauereien beim zweiten Mühlviertler Bierfestival in Freistadt vorgestellt. Darunter natürlich jene der Veranstalter – der Braucommune zu Freistadt, dem Kloster Schlägl und der Privatbrauerei Hofstetten. Das Festival ist eine Biennale, wird also 2010 wieder stattfinden.

## Das Kraft Bier Festival Wien

2009 gibt es wieder ein „Kraft Bierfestival" (von „Handicraft" – Handwerk). Es findet vom 5. bis zum 9. Juni und wie jedes Jahr auf dem Gelände der Heiligenstädter Privatbrauerei von Christian Eipeltauer statt. Mehrere Handwerksbrauereien haben ihre Bierspezialitäten präsentiert. Dabei stellten sich sowohl Braumeister als auch Eigentümer persönlich zur Diskussion mit dem Publikum zur Verfügung. 3 Tage lang. Dazu gibt es wie immer gute Live-Musik. Christian Eipeltauer fasst den Begriff „Kraft Bier" wie folgt zusammen: „Kraft Bier ist Geschmack, Ursprünglichkeit, Tradition und Moderne. Kraft Bier ist anders, mutig, experimentell und unabhängig. Kraft Bier überzeugt mit Qualität."

# Tag des Bieres ››
# 2009 bei Matthias Schnaitl, Innviertel

*Stimmung*

mit Stiegl

Dieses Festival der Biervielfalt kennt keine Grenze. Jene zwischen Oberösterreich beziehungsweise Salzburg einerseits und Bayern andererseits ist jedenfalls aufgehoben. 2008 hat der Tag des Bieres zum ersten Mal in der Brauerei Dietl (Baumburg) stattgefunden. 30 Klein-, Mittel- und Hausbrauer haben sich dort im April versammelt, um, wie der Journalist Rüdiger Martin sagt, „zum Widerstand gegen cerevisiologischen Größenwahn diesseits und jenseits der weiß-blauen Grenzpfähle" anzutreten. Lassen wir den sich selbst so bezeichnenden „Bier-Puritaner" noch ein paar Sätze dazu sagen:

*„‚Kleine Brauer – große Biere' ist bei Gott kein schales Lippenbekenntnis, sondern vitaler Beweis für die Schaffenskraft ambitionierter Lebensauffassung: Biere so zu brauen, wie es ihre Freunde mögen."*

2009 findet der Tag des Bieres am 25. April in Gundertshausen statt, 2010 ist dann wieder Bayern dran, den wichtigsten regionalen Bier-Tag des Jahres auszurichten.

# Glaskultur

## *Das richtige Glas kann den Biergenuss vervielfachen.*

Ein gutes Bier aus einem falschen Glas trinken zu müssen ist hingegen eine Plage. Dass sogar manche Brauereien ungeeignete Gläser mitliefern und/oder anbieten, ist unverständlich. Denn mit einem schlechten Glas betreibt man Verkaufsverhinderung, mit einem guten Glas hingegen massive Verkaufsförderung.

# Gute Brauereien haben gute Gläser

ABER DIE MEISTEN BRAUUNTERNEHMEN ÖSTERREICHS SIND GUTE BRAUEREIEN. Sie investieren einiges, um das richtige Glas zu ihren Bieren zu finden. Die Brauer lassen ihre Gläser nicht nur nach gestalterischen Gesichtspunkten designen. Hauptaugenmerk liegt auf der optimalen Entfaltung des Bieres, seiner Aromen und seiner Konsistenz. Auch die großen Glashütten bieten feine Biergläser an, einige allerdings noch nicht lange.

Kriterien für die Gestaltung eines Bierglases, die das Geschmackserlebnis massiv beeinflussen können, sind: die Glasstärke, der Trinkrand, die Öffnung (weit, eng …), die Höhe und die Farbe des Glases. Weiters ist wichtig, ob das Glas einen Stiel hat (wenn man ein Glas am Stiel angreift, wärmt man das Bier nicht mit der Hand, abgesehen von der Vermeidung unschöner Flecken am Glas).

# Schaum

Die Entwicklung des Schaums hängt vom Bierstil ab und beeinflusst ebenfalls die Glasgestaltung. Das ist etwa bei obergärigen Bieren, wie zum Beispiel Weißbieren, die viel stärker schäumen als etwa Märzenbiere, wichtig.

Das Verhältnis Schaum zu Flüssigkeit, auch wie „lange" der Weg durch den Schaum ist, bestimmt maßgeblich den ersten Geschmackseindruck eines Bieres. Das kann man ganz leicht selbst testen, indem man ein und dasselbe Bier einmal in eine schlanke Pilsstange und einmal in einem Kelch mit weiter Öffnung füllt.

# Das Bier frisch halten

Die Glasform bestimmt auch darüber, wie lange ein eingeschenktes Bier frisch bleibt. So hat ein Hersteller sein Weißbierglas mit einer Taille versehen und hoch gezogen, damit die Kohlensäure einen weiten Weg bis zum Spiegel der Flüssigkeit zurücklegen muss. Somit bleibt das Bier länger frisch. Grundsätzlich kann man sagen: Je feiner das Bier, desto feiner das Glas. Für das schlanke, feingliedrige Pils werden besonders oft spezielle Gläser gestaltet.

## Das Degustationsglas

Die Grundvoraussetzung für erfolgreiches Verkosten ist ein gutes Glas. Das Degustationsglas des Vereines der Diplom-Biersommeliere ist dafür besonders gut geeignet. Wer sich zunächst einmal im Degustieren versuchen will, kommt ohne weiteres mit einem guten Weinglas aus. Das lesen viele Bierleute gar nicht gerne. Aber etwa ein Universalglas bietet eine gute Oberfläche und einen Stiel, den man zum oftmaligen Hingreifen und Turbulieren (Drehen der Flüssigkeit) sehr gut brauchen kann.

*Das richtige Glas hat viel mehr Einfluss auf den Biergenuss, als man glauben möchte.*

## Trinkrand

Will man ein sehr feines, schlankes, elegantes Pils trinken, so sollte man kein Glas mit einem abgerundeten Trinkrand nehmen. Diese wirken haptisch auf die Lippen, meist plump, dieser Eindruck überträgt sich auf das Gesamtbild des Bieres.

## Glasstärke

Dünnwandige Gläser machen ein Bier feiner. Das ist nicht für jedes Bräu das Beste.

## Produktionsweise

Mundgeblasene Gläser sind unregelmäßiger und wirken edler als maschinengefertigte Gläser.

## Außenseite

Zerkratzte oder matte Gläser „trüben" den Biergenuss optisch. Dieser Effekt tritt auch dann ein, wenn etwa ein Aufdruck beschädigt ist.

## Innenseite

Ein innen völlig glattes Glas „tötet" das Bier. Ohne winzig kleine Poren auf der inneren Oberfläche des Glases würden keine Kohlensäurebläschen entstehen.

## Moussierpunkt

Ein Moussierpunkt, etwa im Zentrum des inneren Glasbodens, belebt das Bier. Dort entstehen dann besonders viele Bläschen, sie steigen wie Perlenschnüre in der Flüssigkeit auf. So wird das Bier noch weit attraktiver.

# Allgemeine Regeln zur Glasform

### JE AROMATISCHER DAS BIER, DESTO KUGELIGER DAS GLAS.

Aromastoffe steigen, auch durch die Kohlensäure befördert, auf. Wölbt sich der Rand über dem Glas (ähnlich wie bei einem Kognakschwenker), so sammeln sich die Stoffe unter dieser Wölbung und können sehr gut wahrgenommen werden.

### JE HELLER UND KLARER DAS BIER, DESTO SCHLANKER DAS GLAS

Dunklere, also bernsteinfarbene, rote oder braune Biere bekommen durch einen größeren Glasdurchmesser eine sattere Farbe. Hellere Biere wirken in schlanken, hohen Gläsern eleganter, leuchtender und transparenter.

### JE MEHR HEFE IM WEISSBIER, DESTO SCHLANKER DAS GLAS

Hefe im Bier kann seine Farbe in eine unerwünschte Richtung verstärken, wenn das Glas zu dick ist. Dann wirkt das Bier matt oder sogar grau.

### JE INTENSIVER DAS BIER, DESTO KLEINER DAS GLAS

Alkoholreiche, intensive Biere werden in kleinen Mengen genossen. Die Glasform muss da „mitziehen".

# Wir richten einen Bierkeller ein

*Mit Informationen zur Haltbarkeit von Bier*

Einer der zahlreichen Bier-Irrtümer besteht darin, dass man Bier ganz allgemein für nicht lagerfähig hält. Tatsächlich ist Bier ein Frischeprodukt und die meisten Biere werden nicht mehr besser, wenn ihre Reife-Lagerung abgeschlossen ist und sie von der Brauerei für den Verkauf freigegeben werden. Filtrierte Biere bleiben ein paar Wochen frisch, sie sind meist auch über das Mindesthaltbarkeitsdatum (deswegen heißt es auch „Mindest-…") hinaus genießbar. Aber der Genuss wird dann vielleicht nicht mehr ganz so groß sein wie wenige Tage nach der Füllung. Unfiltrierte Biere verlieren deutlich rascher an Frische. Deshalb werden beispielsweise Zwickelbiere von vielen Brauereien nur im Fass und an Gastronomiebetriebe ausgeliefert.

Aber es gibt auch Biere, die sehr gut lagerfähig sind, und das über einen längeren Zeitraum. 2 Komponenten bestimmen die Lagerfähigkeit mit: der Alkoholgehalt und der Gehalt an Zucker. Ersterer gehört zu den Pflicht-Angaben auf jedem Bieretikett, kann also immer überprüft werden. In unserem Zusammenhang ist es ausreichend, die Lagerfähigkeit eines Bieres nach dem Alkoholgehalt zu bestimmen.

## Sekundäraromen

Starke Biere bieten oft weit über das Mindesthaltbarkeitsdatum (MHD) hinaus großen Genuss, einige von ihnen werden sogar mit längerer Lagerung besser oder zumindest „anders gut". Durch die (zum Beispiel im Falle eines Samichlaus durchaus Jahre lang währende) Lagerung verändert sich der Aromenspiegel, es entwickeln sich Sekundäraromen, während typische Primäraromen zurücktreten. Auch aus diesem Grund kann es überaus interessant sein, unterschiedliche Jahrgänge „desselben" Bieres parallel zueinander zu verkosten. Mit „desselben Bieres" ist Marke und Produktname gemeint. 2 unterschiedliche Chargen eines Naturproduktes wie Bier können natürlich niemals „dasselbe" sein, selbst oder vielleicht sogar gerade dann, wenn die Rezeptur gleich bleibt.

Es lohnt sich also, von einem lagerfähigen Bier, das man besonders schätzt, einen gewissen Vorrat einzulagern. Zumindest so viel, dass man über die Jahre gelegentlich zugreifen und die Veränderung beobachten kann. Notizen in einem Kellerbuch (handschriftlich oder in einer Datei gespeichert) können dabei sehr aufschlussreich sein und später viel Freude machen.

*Tipp: Wenn Sie ein paar Jahrgänge zusammen gesammelt haben, laden Sie Freunde ein und erfreuen Sie sich gemeinsam an einer Parallelverkostung.*

Als Faustregel für die längere Lagerfähigkeit gilt, dass Biere ab einem Alkoholgehalt von 6,5% Vol. länger (auch über das MHD hinaus) lagerfähig sind. Biere ab 9% Vol. können mehrere Jahre lagern, auf sehr starken Bieren ist auch ein MHD angegeben, das einige Jahre nach dem Abfülldatum liegt.

# Beschaffenheit des Kellers

Man kann die Voraussetzungen zur Beschaffenheit eines Bierkellers in Pflichtkriterien und Kriterien, deren Gebenheit angenehm wäre, einteilen. Die Pflichtkriterien betreffen vor allem die Raumgröße, das Licht und die Temperatur.

## Raumgröße

PFLICHT

Der Kellerraum sollte so groß sein, dass Regale aufgestellt werden können und man sich danach noch bequem darin bewegen („umdrehen") kann. Vor allem sollte der Keller hoch genug sein, dass man bequem aufrecht stehen kann.

KÜR

Ideal wäre eine Raumgröße, die eine kleine Kostecke ermöglicht.

## Licht

PFLICHT

Natürliches Licht (Sonnenlicht) lässt Bier noch schneller alt aussehen als Hitze. Die Kombination von beidem, also etwa Bier in der prallen Sonne stehen zu lassen, führt zu raschem Verderben. Da kann ein einziger Tag genügen. Dass ein Bier bis zum MHD gut ist, setzt immer die richtige Lagerung, also kühl und vor allem dunkel, voraus. Also gehört es zu den absoluten Pflichtkriterien, dass kein oder kaum Naturlicht in den Keller eindringen darf. Kommt etwa ein wenig Naturlicht herein, so darf es nicht bis zum Bierregal leuchten.

Künstliches Licht, das dazu ausreicht, die Biere prüfen zu können.

KÜR

Künstliches Licht, das die Bierregale effektvoll beleuchtet. Eine dezente und stimmungsvolle Beleuchtung am Kosttisch.

## Temperatur

PFLICHT

Bei der Pflicht-Temperatur geht es darum, das Bier zu schützen. Also nicht zu warm (um die Nachreifung in der Flasche gering zu halten) und nicht zu kalt (damit das Bier nicht einfrieren kann). Jeder Keller, der eine Temperatur zwischen 4 und 12 Grad hält, ist brauchbar geeignet.

KÜR

Ideal ist ein Keller, der die Temperatur über den Jahresverlauf hinaus konstant hält. Perfekt wäre eine Temperatur um die 10 Grad, weil dort dann auch Verkostungen ohne Polarforschermontur möglich sind.

## Einrichtung

*Achtung! Bier sollte (zum Unterschied auch zu Wein) stehend gelagert werden.*

PFLICHT

Stellplätze für die zu lagernden Biere, am besten in Form von stabilen Regalen. Eine Ablagefläche, um Biere sortieren zu können.

KÜR

Ein Stehpult oder sogar ein Tisch mit ein paar Sitzplätzen. Ein Kasten mit Türen für die Aufbewahrung von Gläsern.

## Kellerbuch

PFLICHT

Ein Einschreibbuch oder eine Datei. Erfassung der Biere nach Brauerei, Bier (Name beziehungsweise Marke), Alkoholgehalt in % Vol. MHD, Datum der Einlagerung und Anzahl der gelagerten Einheiten (Flaschen, KEG's etc).

KÜR

Erfassung der Biere auch nach deren weiteren analytischen Daten, so weit verfügbar, Informationen über Stil und Brauerei sowie insbesondere Kostnotizen.

## Cellophanieren

KÜR

Ein Bierkeller ist idealerweise recht trocken. Wenn aber nur ein feuchterer Raum zur Verfügung steht, so besteht die Gefahr, dass die Etiketten mit der Zeit zerstört werden. Dem kann wirkungsvoll vorgebeugt werden, wenn man die Biere vor ihrer Einlagerung mit einem trockenen Tuch abwischt und dann in dehnfähige und so selbst haftende Cellophanfolie einwickelt.

# Wien

## *Biergeschichtlich bedeutsam*

Auch wenn Wien und Niederösterreich verwaltungstechnisch seit ein paar Jahren getrennt sind, bierologisch gehört das Umland zur Bundeshauptstadt. Schließlich hat der Erfolgszug des „Wiener Typ" in Schwechat begonnen.

WIEN GILT WEITHIN ALS WEINSTADT, OBWOHL AUCH IN DER BUNDESHAUPTSTADT VIEL MEHR BIER ALS WEIN GETRUNKEN WIRD UND OBWOHL WIEN WELT-BIERGESCHICHTE GESCHRIEBEN HAT.

Aber in den jüngsten Jahren haben die Rebensaft-Produzenten der österreichischen Metropole in mancher Hinsicht deutlicher aufgezeigt als ihre Kollegen vom Bier. Vor allem, was (teure) Spitzenqualitäten, Vielfalt und ein Spezialitäten-Image betrifft. Beim Bier herrscht, speziell in den meisten Gastronomie-Betrieben, noch immer Massendenken vor. Dabei arbeiten die Brauereien größtenteils durchaus qualitätsorientiert. Das gilt besonders für die einzige Großbraustätte der Bundeshauptstadt.

## Ottakringer ›› die Brauerei am Grund

WENN SICH DIE OTTAKRINGER MIT WELTWEIT VERTRIEBENEN MARKEN VERGLEICHEN, ZIEHEN SIE GERNE DIE DAVID-GOLIATH-METAPHER HERAN.

Dennoch haben wir es mit keinem kleinen Betrieb zu tun, Ottakringer ist heute der einzige seiner Art und Dimension in Wien. Umso begrüßenswerter ist die dort gepflegte Produktpolitik. Wussten Sie, dass die Ottakringer ein Dutzend verschiedene Biere brauen?

Und das, obwohl Ottakringer Helles, ein Märzen, fast 80 Prozent des Gesamtausstoßes ausmacht. Das ist, wie Ottakringer-Chef Sigi Menz zu sagen pflegt, „ein selbst auferlegter Spagat". Man will wirtschaftlich agieren und gleichzeitig die Biervielfalt pflegen. Auch der Braumeister Andreas Rosa formuliert das (An)-erkennen der Palette als seine Herzensangelegenheit: „Wenn einer sagt, das Ottakringer schmeckt mir nicht, dann akzeptiere ich das. Der persönliche Geschmack ist die oberste Instanz. Aber ich möchte dann nachfragen dürfen: Hat er alle Ottakringer Biere gekostet?"

### „WAS HABEN DIE NOCH?"

Bierfreunde sollten sich diese Frage bei jeder Brauerei stellen. Im Falle der Brauerei im 16. Wiener Gemeindebezirk lohnt sich die Recherche besonders. Ottakringer Helles ist zurzeit der Bestseller der Brauerei. Es ist „rund, weich und gefällig, aber nicht flach". Rosa erzeugt den vollmundigen Charakter durch intensives Maischen, beginnend bei 55 Grad Celsius. Die Gärung erfolgt bei 9 bis 12 Grad. So sehr die Innovation dem Braumeister aus deutschen Landen am Herzen liegt, so gerne stützt er sich auf wertvolle Brautraditionen. Auch beim Hellen: Hauptgärung und Ausreifung erfolgen in unterschiedlichen Gebinden. Danach wird auf 1 Grad Celsius abgekühlt. Darauf folgt eine mindestens 2 Wochen dauernde Kaltreifung.

*Über den Dächern Wiens*

Ottakringer Brauerei

## ENORME DICHTE AN „SCHANKGERECHTIGKEIT“

Die Geschichte der Ottakringer Brauerei beginnt in der ersten Hälfte des 19. Jahrhunderts. 1837 erwirbt der Müller Heinrich Plank eine Braubewilligung für die Riede Paniken. Sie steht im Besitz des Stiftes Klosterneuburg. Von den damals 150 Häusern in der Vorstadt Ottakring hatten 102 die Schankgerechtigkeit. „Der Grund", so nennt man in Wien diese Gegend, wurde damals folgerichtig „des Heiligen Römischen Reiches größtes Wirtshaus" genannt. Ende der 1830er Jahre gibt es in den Wiener Vororten 44 Brauereien. 1850 kauften Ignaz und Jacob Kuffner die Brauerei. Die aus Lundenburg (heute: Breclav) stammenden Cousins bringen die Brauerei in Schwung, errichten ein Spital und weitere wohltätige Einrichtungen. Ignaz wird 1869 Bürgermeister in Ottakring. Nach seinem Tod im Jahr 1882 setzt sein Sohn Moriz das Werk fort. Der begeisterte Astronom gründet die nach ihm benannte Sternwarte am Galitzinberg, in der noch heute nach den Sternen gegriffen wird. 1905 lässt er die Brauerei in eine Aktiengesellschaft umwandeln. 1938 kauft Gustav Harmer die Brauerei. Der Presshefefabrikant aus Spillern war eigentlich nur an Kuffners Hefefabrik interessiert und hätte für die gesamte Brauerei nicht ausreichend Geld aufbringen können. Doch weil in diesen dunklen Tagen die Zeit drängt, einigen sich Kuffner und Harmer auf einen Verkauf in Bausch und Bogen. 1946 kann die Rechtmäßigkeit dieses Handels auch gegenüber der russischen Besatzungsmacht bewiesen werden. Noch wird aus Rohstoffmangel Dünnstbier gebraut. Ab 1949 kann endlich wieder klassisches zwölfgrädiges Lager gebraut werden.

## VOM WIRTSCHAFTSWUNDER BIS ZUM ENDE DES BIERKARTELLS

1962 wirkt sich das Wirtschaftswunder auch auf Ottakringer aus. Der Ausstoß wurde von 1955 bis 1962 von 125.000 auf 236.000 Hektoliter gesteigert. Dr. Gustav Harmer und sein Schwager Dkfm. R. Engelbert Wenckheim treten in das Unternehmen ein und übernehmen sukzessive die Führung. 1964 wird das Goldfassl, ein Spezialbier mit 13,8% Stammwürze, in den Markt eingeführt. 1977 folgt Goldfassl Pils. Im selben Jahr tritt Ottakringer aus dem Bierkartell aus. Bis dahin wurden in Österreich die Liefergebiete „aufgeteilt". In ihrer jüngeren Geschichte hat die Ottakringer Brauerei vor allem zahlreiche Produkt- und Marketinginnovationen erfolgreich am Markt platziert. Einige davon werden in diesem Buch an anderer Stelle ausführlich besprochen. Heute gelten die Biere aus Ottakring schlicht und ergreifend als „das Wiener Bier".

# Der große Dreher am Rad der Biergeschichte

Anton Dreher senior ist eine der wichtigsten historischen Figuren des Gerstensaft-Universums. Auch wenn die nachhaltigste Errungenschaft aus seinem Hause erstmals in seinem Hause, nämlich in Kledering, ausgeschenkt wurde. Der kleine Ort lag damals in Niederösterreich. Wie etwa auch Wien, das erst seit 1922 ein eigenes Bundesland ist. Einige Zeit davor braute Dreher das allererste untergärige Lagerbier der Welt. Und damit den Prototyp für jenen Bierstil, der zurzeit nicht weniger als das „Weltbier" ist – weil es einfach die gesamte Bierwelt beherrscht.

## Klein Schwechater Lager » großes Bierimperium

### DAS KÖSTLICHE GEBRÄU HATTE DAMALS EINEN STAMMWÜRZEGEHALT VON 12,5 GRAD PLATO UND EINEN ALKOHOLGEHALT VON 4,8% VOL.

Es hieß Klein Schwechater Lagerbier und muss formidabel gemundet haben, vor allem im Vergleich zu vielen anderen am Markt befindlichen Bieren. Dreher wurde für sein Lager vielfach ausgezeichnet. 1858 mit dem Ritterkreuz des Franz Josefs Ordens, im selben Jahr kam die erste Goldmedaille. Weitere folgten: aus London, Paris, Amsterdam.

Der große Erfolg seines Bieres brachte massive Veränderungen in seiner Brauerei. So musste etwa eine Dampfmaschine, sie steht heute im Technischen Museum in Wien, eingesetzt werden. Bereits im Lauf der 1850er Jahre wurde die Dreher'sche Brauerei die größte des europäischen Festlandes. Bald folgten Akquisitionen. Anno 1859 erwarb er die Brauerei Michelob bei Saaz und die Budapester Brauerei Steinbruch, 1869 die Triester Brauerei.

### GENERATIONSWECHSEL

Anton Dreher junior, geboren im Jahr 1849, übernahm 1870 die Leitung des Konzerns. Davor hatte er die Gelegenheit zu einer Studienreise, die ihn gemeinsam mit dem hoffnungsvollen Sprössling einer anderen bedeutenden Brauerfamilie, Gabriel Sedlmayr (Spaten, München), nach England führte. Auf der Insel fand man schon damals in Sachen Bier zahlreiche Vorbilder, sowohl was die Produktlandschaft als auch was die Brautechnik anbetraf. Die beiden ließen sich deshalb spezielle Spazierstöcke anfertigen, sie wurden mit Ventil und Hohlraum ausgestattet. Damit konnten Dreher und Sedlmayr unbemerkt Proben aus englischen Gärbottichen entnehmen. Wer eine solche Vorgangsweise wählt, befleckt sich allerdings nicht gerade mit Ruhm. Solchen erwarb sich der Brauereiinhaber in der dritten Generation erst ein paar Jahre später.

## Reden wir über das Wetter

Das Wetter ist immer ein gutes Thema. Bier hat, wie jedes Naturprodukt, auch noch heute viel damit zu tun. Das beginnt bei den Braugersten- und Hopfenernten und endet bei Absatzzahlen, die durch einen heißen – oder verregneten – Sommer beeinflusst werden. Wenn der Frost die Bundeshauptstadt in seinem eisigen Griff hat, dann denken Wetterstatistiker an den Winter 1872. Der war in Mitteleuropa eislos. Für viele ein Segen, für die Brauer eine Katastrophe. Denn ohne Eis kein Bier, deshalb gab es auch bei jeder Brauerei ein kleines, stehendes Wasser, aus dem im Winter das Natureis für die Keller geschnitten wurde. Aber ohne Frost kein Eis, also musste 1872 das Eis per Bahn aus dem hohen Norden nach Schwechat gebracht werden: mehr als 100 Millionen Tonnen! Ein erheblicher Aufwand, logistisch und pekuniär. So etwas bringt einen Unternehmer zum Nachdenken, also befasste sich Dreher mit der künstlichen Kühlung. Konsequenterweise beauftragte er einen Kundigen aus diesem Bereich, Professor Carl von Linde, im Jahr 1877 eine Kellerkühlung in die Dreher'schen Brauereien zu Triest und Schwechat einzubauen. Für diese weitsichtige unternehmerische Leistung wurde nun auch Junior mit Orden behängt. 1904 war die Dreher'sche Brauerei mit 1.250.000 Hektolitern Jahresausstoß die größte Brauerei der Welt.

## Produkt-Portfolios

Während es sich die einzige Großbrauerei Wiens heute glücklicherweise leistet, eine spannende Vielfalt teilweise recht ausgefallener Biere zu brauen, und einige Kleinbrauereien immer wieder mit aufregenden Kreationen auf sich aufmerksam machen, wird der so eng mit der Bundeshauptstadt in Verbindung stehenden Brauerei Schwechat ein Bier nach dem anderen gestrichen. So wurde am 30. September 2007 die letzte Flasche Steffl Export, ein wahres Kultbier von superber Qualität, gefüllt. Ein paar Monate davor, nämlich Ende Dezember 2006 verließ die letzte Nostalgieflasche, welche die legendäre Hopfenperle in ihrem wohlgeformten Bauch barg, die Schwechater Füllstraße. Und anno 2002 ging die letzte Flasche Kaiser Dark, das frühere „Drehers Schwarzbier", auf ihre Reise nach Ungarn. Aus kaufmännischer Sicht ist all das verständlich. Aber den Biergenießer mit Lust auf Vielfalt schmerzt es sehr.

Dafür zeigen die Schwechater an ihren wenigen verbliebenen Produkten, wie gut sie sich auf das Brauen verstehen. Das Zwickl und der Zwicklbock sind Weltklasse. Das Schwechater Lager, eine Zeit lang dank der „Mundl"-Fernsehserie zum absoluten Kultbier aufgestiegen, ist nach wie vor köstlich, auch aus der Dose. Apropos: Seit Dezember 2008 gibt es ein so genanntes „Mundlbier" als Eigenmarke einer Lebensmittelkette. Das hat aber nichts mit dem seinerzeitigen Lieblingsbier des Edmund Sackbauer zu tun.

## Bier aus Döbling

Das Modell der Klein- beziehungsweise Gasthausbrauerei ist uralt, älter als das der Großbrauerei. Dennoch gab es im 20. Jahrhundert eine Zeit lang kaum Brauereien dieser Art in Österreich. Bis die „Erste Wiener Gasthofbrauerei" eröffnete. Fischer wählte als Standort Döbling, einen Stadtteil mit großer Biertradition. 1818 wurde dort von Franz Xaver Bosch von Wallerstein in den Baulichkeiten eines ehemaligen Jesuitencollegiums die Nussdorfer Brauerei eröffnet, die bald sehr erfolgreich war. Nach Boschs Tod führte dessen Schwiegersohn, Karl Adolf Freiherr Bachofen von Echt die Geschäfte der florierenden Brauerei; um 1891 lag ihr Ausstoß bei rund 150.000 Hektoliter. Sie wurde Hoflieferant und exportierte Bier bis nach Übersee. 1950 wurde Nussdorfer Bier von der Schwechater Brauerei übernommen. Der preußische Name Bachofen von Echt taucht noch einmal in der Wiener Biergeschichte auf, mit einem braulichen Kleinod. 20 Jahre lang, von 1984 bis 2004, braute Henrik Bachofen von Echt jährlich rund 5.000 Hektoliter obergäriges Bier im Freihof, das im Nussdorfer Bräustüberl in der Heiligenstädter Straße genossen wurde. Die Biere waren so gut, dass eines davon, Sir Henry's Dry Stout, von Michael Jackson in seinem Standardwerk „Bier" besprochen wurde. Neben Fischer ist es vor allem der Bio-Bier Spezialist Christian Eipeltauer, der mit seiner Brauerei im Zwickel zwischen Stadtautobahn und Nussdorfer Straße die Döblinger Brautradition wieder aufleben ließ. Lesen Sie dazu auch über Eipeltauers Kraft Bier Festival auf Seite 106.

## Wiener Gasthausbrauereien

Mittlerweile gibt es in Wien wieder mehrere gute Gasthausbrauereien. Sie erfreuen sich großer Beliebtheit. Wie etwa das Wieden Bräu, wo auch für das interessierte Publikum spannende Brau-Tage inklusive Bierfrühstück, Biermenü und Teilnahme am Braugeschehen organisiert werden (jeweils an einem Samstag, Beginn 6 Uhr früh!). Am Neubau lockt das 7Stern-Bräu mit Wiener Helles, Prager Dunkel, Chili- und Rauchbier. Das 7Stern gehört zu den ganz wenigen Brauereien seiner Größe, die sich immer wieder trauen, Biere zu unseren Blindverkostungen einzureichen. Dieses Selbstbewusstsein ruht auf dem soliden Boden der immer wieder bewiesenen sehr guten Qualität der Biere aus der Siebensterngasse. Das gilt auch für die Brauerei Kadlez in Floridsdorf. Dort gebraute Köstlichkeiten – standardmäßig ein Zwickl und ein Pils, hinzu kommt immer wieder ein spezielles Bier – kann man im Sommer in einem kühlen Innenhof zu einer guten Mahlzeit genießen. Wer sich für das Bierbrauen interessiert, kann bei Kadlez unter dem Stichwort „brau-mit" sogar sein eigenes Bier brauen.

### „AM RENNWEG ACHT WIRD BIER GEMACHT" LIEST MAN AUF WIENER TAXIS.

*In historischen Mauern neben dem Salesianer Kloster entsteht aber nicht einfach irgendein Bier, sondern im Wortsinn ausgezeichnetes. Die Palette reicht vom prämierten Weizen bis zu Böhmisch G'mischt, ein Biertyp, der früher durch Mischen von hellem und dunklem Bier in der Gaststätte erzeugt wurde, der aber bei Salm schon so eingebraut wird: sehr dunkel, leicht transparent, malzig, aber nicht mastig. Die Szene ist in Wien auf mittlerweile 13 Gasthausbrauereien angewachsen. In einem weiteren Band aus der Reihe „Bier aus Österreich" werden wir sie alle ausführlich beleuchten.*

# Salzburg

Landeshauptfrau Gabi Burgstaller stellte Ende Jänner 2009 den ab Herbst beginnenden Studiengang „Gastrosophie" vor. Einer der beiden Hauptsponsoren ist die Stiegl Brauerei. Bierkultur und Kultur des Essens mit wissenschaftlichem Zugang, das zeugt vom Wandel in die richtige Richtung. Und es ist kein Zufall, dass das universitäre Zentrum für Gastrosophie just in Salzburg möglich ist und dass es gerade von der Stiegl Brauerei unterstützt wird – Salzburg ist ein Kompetenzzentrum heimischer Bierkultur. Die Salzburger sagen, es ist das Zentrum und Maxglan mit seiner kleinen roten Stiege der Nabel der rot-weiß-roten Bierwelt.

TATSÄCHLICH KOMMT DER STIEGL BRAUEREI EINE SONDERSTELLUNG IN DER ÖSTERREICHISCHEN BIERBRANCHE ZU. Und das nicht etwa wegen des Umstandes, dass Stiegl die mit einigem Abstand größte Privatbrauerei Österreichs ist: Die Überschreitung der magischen Ausstoßgrenze von 1 Million Hektoliter wird wohl noch anno 2009 erfolgen. Auch die Tatsache, dass das Stiegl Goldbräu das beliebteste Flaschenbier Österreichs ist, reicht nicht aus, das Phänomen Stiegl zu erklären. Mit nüchternen Zahlen alleine – mögen sie noch so eindrucksvoll sein – kann man diesem Phänomen nicht zu Leibe rücken.

Auch, weil Stiegl es schafft, einen Marketingansatz erfolgreich zu leben, den einschlägige Lehrbücher wohl als „unmöglich" oder sogar als „abzulehnen" einstufen würden. Denn Stiegl lebt erfolgreich das Sowohl-als-auch. Die Firmenphilosophie ist tough und zugänglich; man hat mengenmäßig höchst erfolgreiche Leitprodukte, die auch qualitativ erstklassig sind; man praktiziert eine klare Produktpolitik in den Segmenten mit großer Marktakzeptanz und teilt zugleich ständiges Experimentieren mit seinen Kunden; Stiegl hat das Goldbräu und die Monatsbiere – und damit das wohl größte Sortiment.

Weit über 90 Prozent des Salzburger Bierausstoßes werden in der Landeshauptstadt und um sie herum gebraut, wenn man für diese Rechnung einen Umkreis von 20 Kilometern um den Domplatz akzeptiert. Nach Kaltenhausen, einem Teil von Hallein, muss man ganze 14 Kilometer, nach Obertrum knappe 18 Kilometer fahren. Lediglich ein paar brauliche Lichtblicke, jene allerdings hier und dort besonders goldgelb leuchtend, können auf der cerevisialen Landkarte Salzburgs jenseits des Zentrums eingetragen werden. Ein Hotel in Mittersill, der „Braurupp", gibt da ein lohnenswertes Ziel ab, das „Schmarantzgut" ein weiteres. Letzteres steht im schönen Gasteinertal und gehört der seltenen Spezies brauender Bauernhöfe an. Beim „Schmarantz" kann man frischen Biokäse genießen, der ebenso wie das schäumende Weißbier am Hof hergestellt wird. Allerdings muss man unbedingt auf die restriktiven Öffnungszeiten achten, ansonsten ist der weite Weg ins tiefe Tal umsonst.

Gefahren, die im Zentrum nicht drohen. Ein paar Meter südlich der Mozartstadt steht ein Brauhaus mit bewegter Geschichte und spannender Gegenwart: Das Hofbräu Kaltenhausen ist die älteste Brauerei im Verbund der Brau Union, heute werden dort die Edelweiss Biere gebraut. Womit man auch an die Tradition des Brauhauses erinnert, das einst im erzbischöflichen Besitz stand. Einst waren damit die vielfältigen Privilegien eines „Weißen Brauhauses" verbunden. Diese betrafen das Recht, Weißbier, also obergärig und damit ganzjährig, zu brauen. Teilweise gingen die Rechte so weit, dass damit den anderen, nicht-herrschaftlichen Brauereien untersagt wurde, ein besseres Bier als das erzbischöfliche zu brauen. Diese Maßnahme wurde „Bierzwang" genannt und beherrschte für einen Zeitraum von 150 Jahren die Salzburger Braugeschichte. Aber der Reihe nach.

# Der Salzburger Bierzwang im Barock

**1475 GRÜNDETE DER SALZBURGER STADTRICHTER, BÜRGERMEISTER HANS ELSENHEIMER, DIE BRAUEREI KALTENHAUSEN.**

Im Zuge von Erbstreitigkeiten nach seinem Tod gelangte Johann Beckenschlager, der regierende Erzbischof, in den Besitz des Brauhauses, sein Nachfolger Leonhard von Keutschach machte daraus eine Hofbrauerei. Der „Liendl", wie ihn der Volksmund nannte, galt als derber, rüder Machtmensch und weil er auch die Position des obersten Salzburger Brauherrn innehatte, wurde er bald nur mehr „Liendl Pierschenkh" gerufen. Ihm folgte mittelbar Guidobald Graf Thun, der einerseits als Landesfürst absolutistisch regierte und andererseits als „gewaltiger Biertrinker" galt – eine brisante Mischung. Seine Salamitaktik sah vor, dass zunächst die Einfuhr von Bier in die Stadt Salzburg verboten wurde, dann durften die Brauer ihr Bier nur mehr in den eigenen Gaststätten ausschenken, also keine Wirte mehr beliefern. Die wurden um 1659 dazu genötigt, Bier ausschließlich aus Kaltenhausen zu beziehen. 1664 gab es in der Stadt Salzburg noch 98 Braustätten. Aber alle anderen Wirtshäuser wurden per Erlass dazu gezwungen, das Hofbier des Erzbischofs auszuschenken. Natürlich wurde damals die Brauerei erweitert: 1667 wurden dort angeblich 14.000 Hektoliter ausgestoßen, um 1700 bereits das Doppelte. Das war aber auch der Höhepunkt der Hofbrauerei damaliger Prägung – denn der Bierzwang sollte weiter gehen und dafür brauchte man weitere Brauereien. Es wurden Hofbräu-Häuser in Teisendorf, Sankt Gilgen Henndorf und Lofer errichtet.

Eine Gegenbewegung setzte ein, Soldaten mussten dafür sorgen, dass kein „privates" Bier – das obendrein vielleicht noch billiger und besser war – verfrachtet wurde. Das absurdeste Gesetz aber entstand, als man, im Bewusstsein der bescheidenen Qualität des erzbischöflichen Bieres, verordnete, dass ein privates Bier nicht besser sein darf als das des Monopols. Diese Übertreibung war aber auch die Wende. Denn die guten Braumeister dachten nicht daran, säuerliches Bier zu brauen. Der Bierzwang blieb zwar bis 1806 aufrecht, bekam aber schon um 1700 erste Lücken, die bis zu seiner Aufhebung sukzessive größer wurden.

# Edelweiss ››
# Exzellenz aus Kaltenhausen

DAS EINZIGE, WAS DIE HEUTE AM STANDORT KALTENHAUSEN BRAUENDEN MIT DIESEN HISTORISCHEN MACHENSCHAFTEN GEMEIN HABEN, IST: SIE BRAUEN AUCH OBERGÄRIG.

Das ist aber auch schon alles. Vielmehr kann man den heutigen Ausstoß als genaues Gegenteil der schwachen Biere aus Seinerzeit betrachten. Die Deutsche Bank erwarb 1898 das Unternehmen, wandelte es 1901 in die „Aktiengesellschaft Brauerei Kaltenhausen" um. 1921 gehörte das Hofbräu Kaltenhausen zu den Gründungsbetrieben der ehemaligen BRAU AG, die später zur Brau Union Österreich wurde. Die älteste Brauerei des Landes Salzburg ist zugleich die älteste Weißbierbrauerei Österreichs mit 350-jähriger Tradition. Diese lebte im Jahr 1986 wieder auf, als die Marke Edelweiss eingeführt und beschlossen wurde, die Biere dieser Marke in Kaltenhausen herzustellen.

Die Edelweiss-Biere sind von hoher Qualität, das haben wir in allen unseren Blindverkostungen erfahren. Erst um den Jahreswechsel 2008/09 hat eine gestrenge Kommission heimische Weizenbiere geprüft und miteinander verglichen. Mit dem Ergebnis, dass Edelweiss-Biere in allen Kategorien gut abgeschnitten haben. Der Gamsbock hat sogar die absolute Höchstmarke erreicht.

Das Sortiment besteht aus 5 Bieren, dem Kristallweizen Edelweiss Kristallklar sowie dem helleren Edelweiss hefetrüb und dem Edelweiss dunkel, alle mit 5,5% Vol. Alkohol. Das erst 2007 im Markt eingeführte Edelweiss Hofbräu" kommt mit 4,5% Vol. Alkohol aus und erfreut bereits das Auge mit einem schönen goldbraunen bis bernsteinfarbenen Ton. Der erwähnte Gamsbock ist ein Weizen-Bockbier mit 7,1% Vol. Alkohol und einer besonders schönen und sortentypischen Aromatik. Herrlicher Duft nach Bananenchips, cremig weich, aber nie „süßlich", harmonisch und rezent und trotz seiner Sprungkraft gut antrinkbar.

# Stiegl ›› die größte Privatbrauerei Österreichs

## DIE STADT SALZBURG SELBST WIRD HEUTE VON DER ROTEN STIEGE MITGEPRÄGT.

Die größte Privatbrauerei Österreichs hat in den vergangenen Jahren aus einem Produktionsbetrieb mit der „Brauwelt" eine Touristenattraktion ersten Ranges geschaffen. Im Oktober 2007 wurde dort umgestaltet, heute erwartet ein richtiger Braugasthof täglich ab 10 Uhr seine Gäste. In einem aufwändig gestalteten Museum kann man historische Gerätschaft und von Künstlern gestaltete Etiketten bewundern. Dort wird auch der Brauprozess erklärt und vorgeführt. Und – dort werden auch die Stiegl-Monatsbiere gebraut. Sechsmal im Jahr gibt es Nischenprodukte wie Red Ale, Korianderbier, Weihnachts-Honigbier, Alt, Emmer-Urkornbier, Schwarzbier oder Roggen-Braunbier. Üblicherweise werden von jedem Monatsbier 20 Hektoliter erzeugt und üblicherweise sind fortgeschrittene Bierkenner genauso begeistert wie alle Neugierigen. Zudem zeigt sich, dass die Monatsbiere mit ihrer Vielfalt auch bierskeptische Genießerinnen und Genießer zum Gebräu bringen.

Das Hauptaugenmerk des Braumeisters Ernst Schreiner, der 2009 seinen wohlverdienten Ruhestand antritt, lag immer schon auf jenen Sorten, die in großer Menge die Braustatt in Maxglan verlassen: Goldbräu, Pils und Weizengold. Eisenbahnwaggons bringen die Rohstoffe, darunter 16.000 Tonnen Malz per annum an die Rampe. Jahr für Jahr werden gut 1.500 Sude im neuen vollautomatischen Sudhaus eingebraut. Ein Mann reicht, um es zu steuern und zu überwachen.

Ein Sud braucht 11 Tonnen Malz und Hopfen im Ausmaß von 2 Kilo Alfasäure. Das besonders beliebte Goldbräu ist ein Märzen mit 7 Gramm Alfasäureanteil pro Hektoliter Bier. Dieser Wert entspricht 20 Bittereinheiten. Ein harmonisches Bier – kein Wunder, dass es so beliebt ist. Das Stiegl-Sortiment ist schon wegen seiner Monatsbiere riesig. Aber auch das Standardprogramm ist Vielfalt pur. Neben dem Goldbräu gibt es ein Pils mit dem Bukett von Saazer Hopfen, einer Stammwürze von 11,6 Grad und 4,9% Vol. Alkohol. Es folgen das Stiegl Leicht, Stammwürze 7,9 Grad, 3,3% Vol. Alkohol, ein Stiegl-Spezial in der Bügelflasche mit einer Stammwürze von 12,5 Grad und 5,5% Vol. Alkohol und – in der Saison – der Original-Stieglbock. 2007 wurde er mit einer Stammwürze von 16,5 Grad und 7% Vol. Alkohol eingebraut. Ebenfalls fix im Programm ist das zweite Saisonbier, das Stiegl-Herbstgold, eine bernsteinfarbene Spezialität. Die beiden Weizengold-Biere und Radler verschiedenen Geschmackes machen das Angebot der größten Privatbrauerei Österreichs komplett.

# Augustinerbier ›› ein Museum in voller Funktion

DAS MÜLLNER BRÄUSTÜBL IST VIELLEICHT DAS SCHÖNSTE BIERLOKAL ÖSTERREICHS.

Es ist reich an schönen und großen Räumen, die mit enormer Liebe zum Detail hergerichtet wurden. Der nach dem erfolgreichen Brauereichef Pater Wolfgang Stockhammer benannte Saal 1 fasst bis zu 380 Sitzplätze. Im besonders bei Nichtrauchern beliebten Augustinersaal finden 200 Personen, im Gambrinussaal rund 300 Gäste Platz. Der wunderbare Biergarten bietet 1.500 Sitzplätze und ist an heißen Sommertagen bald nach dem Anstich voll.

DAS SUDHAUS VON 1912 UND EIN OFFENES KÜHLSCHIFF

Die Beliebtheit des Bräustübls rührt jedoch nicht allein von der Dimension und Schönheit der Räume her. Auch der Umstand, dass man sich seine Jause selbst mitbringen kann, gibt nicht den Ausschlag. Man kommt wegen dem ausgezeichneten Bier. Das entsteht in der traditionsreichen und nach wie vor traditionell ausgestatteten Klosterbrauerei. Dort wird zum Beispiel ein Massefilter mit Baumwolleinlage, der letzte seiner Art in Österreich, verwendet. Die Einlage kann gewaschen und wiederverwendet werden, lediglich den Schwund muss man ersetzen. Das ist umweltschonend. Gegenüber dem Filtrieren durch Kieselgurschichten oder Stabilisierungs-Filteranlagen hat diese Technik noch einen weiteren wesentlichen Vorteil: Es bleiben einige Inhalts- und Geschmacksstoffe im Bier, die von moderneren Techniken herausgefiltert werden. Das Augustiner Märzen liegt gleichsam zwischen dem Zwickel und „modern" filtrierten Bieren. Deshalb wäre es auch nur 2 Monate lang haltbar. Das ist aber kein Problem, denn was gebraut wird, wird auch – ziemlich bald nach abgeschlossener Reifung – ausgeschenkt. Das Sudhaus der Brauerei wurde 1912 erbaut und sieht heute immer noch so aus wie damals. Auch die – in Funktion befindlichen – Berieselungskühler haben musealen Charakter und sind sehr sehenswert. Ganz besonders: Die Würze wird, bei Kochtemperatur, auf einem offenen Kühlschiff ausgeschlagen. Es ist aus Eisen und genietet. Da dampft und duftet es, dass es eine wahre Freude ist. Die Gärung findet in offenen Bottichen statt. 10 Gärbottiche wurden 1956 eingebaut, allerdings stehen nur 3 in dauernder Verwendung. Es gäbe also noch Kapazität für mehr Bier.

1991 bis 2007 trug Christian Spatzenegger die Verantwortung für das geliebte Müllner Bier. Man sieht ihn noch oft im Stockhammersaal, er wandert von einem Stammtisch zum nächsten. Seit 2007 ist Johannes Georg Höplinger Braumeister bei den Augustinern. Auf bange Fragen, was er denn alles verändern wird, kommt eine sehr entspannende Antwort: „Gar nichts." Höplinger, dem anzusehen ist, wie ihn seine Aufgabe erfüllt, will vor allem die einzigartige Qualität des Bieres und die museale Brauerei erhalten. Seine Augen leuchten, wenn er von 12 langen Wochen Lagerzeit des Bieres spricht: „Es darf reifen und wird alleine durch seine Lagerung blank." Dadurch und aufgrund der Abfüllung in Holzfässer perlt das Kohlendioxyd viel feiner, was auch von den zahlreichen weiblichen Gästen sehr geschätzt wird. ››

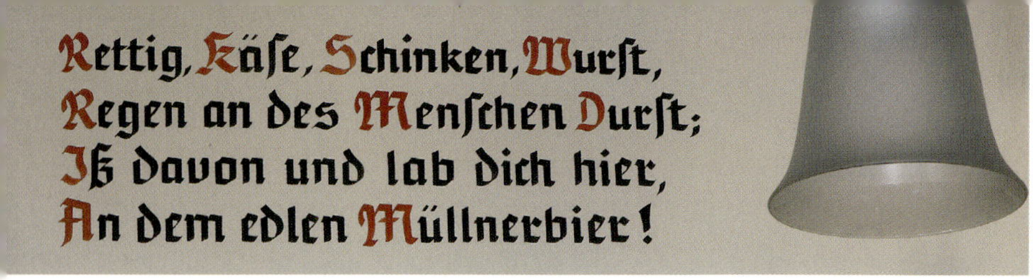


*„Weisheit"*
im Müllner Bräustübl

›› Das Bräustübl im Kloster Mülln besteht seit 1621. In seiner wechselvollen Geschichte war es auch schon Lager für Flüchtlinge und Kaserne. 1817 sollte es „seiner Auflösung entgegengeführt werden". Zum Glück wurde dann ein paar Jahre lang in dieser Sache gar nichts unternommen, weder die Auflösung wurde in Angriff genommen noch der Fortbestand gesichert. 1824 sandte die Gemeinde der Vorstadt Mülln ein Schreiben, in dem um „hochgnädige Verwendung zur Erhaltung und Fortbestehung des seiner Auflösung nahen Klosters zu Mülln" gebeten wurde. Die Unsicherheit dauerte noch ein paar Jahre … Welch Glück für uns Bierfreunde, dass wir noch heute nach Mülln gehen können. 365 Tage im Jahr.

Meistens gibt es im Augustiner Bräustübl ein einziges Bier, das Augustiner Bräu Märzen. Die Malzmischung für seine Herstellung besteht aus Pilsener Malz und Cara-Extra Hell. Hallertau-Spalt-Select Hopfen wird als Biergewürz eingesetzt. Stammwürze 12 Grad Plato; Alkoholgehalt 4,6% Vol. 2 stärkere Biere bereichern das Angebot: das Augustiner Fastenbier, das als flüssiges Brot von Aschermittwoch bis zur Osterwoche die Fastenzeit erträglich machen soll, und der Augustiner Bock in der Vorweihnachtszeit. Das Fastenbier hat 12,6 Grad Stammwürze und 5,2% Vol. Alkohol, der Bock 16,2 Grad Stammwürze und 6,5% Vol. Alkohol.

## Trumer Brauerei ›› Pils und Diamanten

AM 22. DEZEMBER 1601 BEWILLIGTE ERZBISCHOF WOLF DIETRICH DIE BRAUGERECHTSSAMKEIT IN OBERTRUM.

1775 erwarb Josef Sigl I., Ratsherr und Hopfenhändler aus der Gegend um Passau, die Taverne und „Braxatur" in Obertrum in einem Versteigerungsverfahren. Durch die Grundentlastung des Revolutionsjahres 1848 gingen viele Besitzungen in den alleinigen Besitz der Familie Sigl über. Josef Sigl IV. erbte ein beachtliches Vermögen, das er selbst erweiterte.

Unter Josef Sigl V. wurde modernisiert und neu gebaut, etwa das Sudhaus und die Kellergebäude auf ihrem heutigen Standort. Die Brauerei wurde als erstes Gebäude in Obertrum mit Gleichstrom ausgestattet. Nach dem verheerenden Brand vom 21. Mai 1917 lag Obertrum in Schutt und Asche. Dann kamen die Nachkriegsjahre. Durch die Autarkie dank Landwirtschaft, hauseigener Metzgerei, Sägewerk und privatem Stromnetz konnten auch diese Zeiten überwunden werden. Gegen Ende des Zweiten Weltkrieges beschlagnahmte das US-Bataillonskommando den Braugasthof als Hauptquartier.

Aber bereits 1952 brachte Ing. Sigl erstmals den Hellen Bock auf den Markt. In den Folgejahren wurde die Brauerei auf den neuesten technischen Stand gebracht. Verwaltungsgebäude, Sudhaus, Kesselhaus, Stapelhalle und Weißbierkeller wurden neu errichtet. 1972 wurde die Produktpalette um die Marke Weizengold erweitert. Das Champagnerweißbier wurde zum Trendsetter. 1992 wurde die Marke neu positioniert. 1996 kreierte die Trumer Privatbrauerei die ersten mundgeblasenen Biergläser der Welt und wurde prompt prämiert.

2001 wurde der 400. Geburtstag gefeiert. Bald danach errang das Trumer Pils beim European Beer Star den ersten Sieg in der Kategorie „Pils nach deutscher Brauart". 2006 gewann Trumer Pils gleich beide großen Wettbewerbe, den World Beer Cup in der Kategorie „Best German Style Pilsner" sowie beim European Beer Star erneut in der Kategorie „Pils nach deutscher Brauart", und 2007 den Australian International Beer Award. Seit 2008 gibt es auch noch das Edelbier Trumer Diamond – das wir an anderer Stelle ausführlich vorstellen.

## PILS UND CO

Trumer Pils – 4,9% Alk., 11,5 Grad Stammwürze – ist eine Liebeserklärung an das Leben. Trumer Weizen – 5,5% Alk., 12,8 Grad Stammwürze – wird nach dem Originalrezept der Trumer Privatbrauerei gebraut. Trumer Märzen – 4,8% Alk., 11,8 Grad Stammwürze – goldgelb durch den Einsatz länger gedarrten Malzes. Sigl's mit Aufreißverschluss und 4,7% Alk., 11,2 Grad Stammwürze.

## CREATIVBRAUEREI – TRAUEN SIE SICH BRAUEN?

Im Juli 2000 wurde die Trumer CreativBrauerei eröffnet. Ein Sud ergibt ca. 75 Liter Bier und dauert ca. 8 Stunden. Jedoch ist neben einem gewaltigen Stück Arbeit (rühren, Buch führen, etc.) auch eine Menge Kreativität gefragt, denn die eigene Bierkreation braucht auch ihren eigenen Namen. Ein großer Spaß für eine Freundesrunde, Firmen, Vereine ...

Die Trumer Brauerei ist reich an weiteren Attraktionen. Es gibt dort einen gut bestückten Bierkeller, einen Bierbrunnen und einen hochmodernen Gärkeller, wo man in der „Gärlounge" Bieren beim Reifen zusehen kann. Das ist nur dank der offenen Gärung möglicht, ein Verfahren, das wegen seiner Aufwendigkeit in diesem großen Maßstab kaum mehr praktiziert wird. Die bei der Gärung entstehenden geschmacksstörenden Bitterstoffe werden dabei per Hand abgeschöpft. Auch deswegen ist Trumer Bier so bekömmlich und mild.

# Kleine Brauhäuser der Stadt Salzburg

## Die Weiße

HANS GEORG GMACHL ÜBERNAHM 1987 VOM LAND SALZBURG DIE BRAUEREI UND BRAUT HEUTE RUND 3.000 HEKTOLITER WEISSBIER.

Sein „Sudwerk" gehört heute zu den In-Lokalen der Mozartstadt, wer Freitag oder Samstagabends dort hinkommt, darf mit einem gewissen Lautstärkepegel rechnen. Gmachl's Weiße wird auch in Wien verkauft, ebenfalls in einem sehr beliebten, wenn auch etwas ruhigeren Lokal: der „Wäscherei" in der Josefstadt.

## s´Kloane Bräuhaus

HANS MEISLINGER BRAUT SEIT 1999 IN DER SCHALLMOSER HAUPTSTRASSE.

Bei Kerzenschein kann sein Publikum 2 Sorten Bier genießen, das „Gerstl", ein naturtrübes Helles mit zarten Röstaromen, und sein „Weizerl".

## Der Uhu

HINTER DEN GLEISEN DES GÜTERBAHNHOFS BRAUT GERHARD MITTER IN SEINER SELBST GEBAUTEN BRAUEREI.

Der Braukessel ist ein ausrangierter Suppentopf des Bundesheeres, das Rührwerk wird von einem Rollstuhlmotor angetrieben. Dass er brauen kann, beweist ein fulminanter Verkostungserfolg: Im Jahr 2005 belegte Mitter mit seiner „Schallander-Weissen" beim 24-Stunden-Bierfestival den ersten Platz.

*„Impression"*
im Gusswerk

# Gusswerk

SCHON IN SEINER ZEIT ALS STUDENT DER LEBENSMITTELTECHNOLOGIE TRÄUMTE REINHOLD BARTA VON EINER EIGENEN BRAUEREI.

Als er dann Jahre später die Lagerhalle im Salzburger Gusswerk sah, war ihm sofort klar: „Das ist es! Mich interessieren so alte Sachen." Um seinen Betrieb auch wirtschaftlich auf gesunde Beine zu stellen, wurde Gastronomie in das Konzept integriert. Seit Herbst 2007 kann hier dem Genuss im Glas und auf dem Teller gefrönt werden.

Flexibilität gehört zu den wesentlichen Stärken von Brauerei und Brauer. Barta kann außergewöhnliche Bierspezialitäten rasch und in relativ kleinen Chargen brauen, gut und gerne auch in Zusammenarbeit mit Partnern: Gemeinsam mit dem Hallwanger Hanfproduzenten Christian Frenkenberger wird das Synergy Hanfbier erzeugt. Durch die Hanfsamen bekommt es einen nussigen Touch. Für eine Wiener Firma wurde zu deren Jubiläum ein Altwiener Märzenbier (bernsteinfarben, satt gehopft) hergestellt.

In den Weltläden wird Quinoa-Bier aus dem Brauhaus Gusswerk verkauft. Die Schüttung besteht dabei teils aus unvermälztem Quinoa. Das vor allem in Peru, Bolivien und Ecuador verbreitete Kraut bzw. dessen Früchte war einst der hochwertige Kohlehydrat- und Eiweißbringer der Inkas. Barta braut aus den kleinen hellgelben Kugeln ein sehr spannendes Bier, das Freunde außergewöhnlicher Köstlichkeiten unbedingt probieren sollten.

Die Gusswerk-Standardbiere heißen Edelguss und Weizenguss. Der Sonderguss ist als „Spielwiese" zugleich der Rahmen für Innovationen. Am 12. September 2008 wurde der Sonderguss „Black Betty – die dunkle Schönheit mit einem Hauch Absinth", ein dunkles Kräuterbier angeschlagen. Alle Biere aus dem Brauhaus Gusswerk sind bio, das gemeinsam mit dem Burgenländer Werner Michlits gebraute Einkornbier entspricht sogar den Demeter-Richtlinien – und stellt besondere Herausforderungen an den Brauer: Während etwa Pilsener Malz aus Braugerste ca. 10 Prozent Eiweiß enthält, weist das Einkornmalz satte 23 Prozent Eiweiß auf.

# Oberösterreich

## *Das Land ob der Enns*

Das Land ob der Enns nimmt in Bezug auf Bier innerhalb Österreichs eine Sonderstellung ein. Es gibt in diesem Bundesland fast so viele Brauereien wie in allen anderen Bundesländern zusammen. Auch was Bierkultur und -vielfalt anbetrifft, ist Oberösterreich führend. Bezogen auf die Alpenrepublik sind dort Brauereien aller Arten und Größen zuhause. Aus Oberösterreich kommen zahlreiche ausgefallene Bierspezialitäten. Besonders in den Regionen Mühlviertel, Innviertel und Salzkammergut sind interessante Betriebe angesiedelt.

# Mühlviertel ›› Das große Biererlebnis

## Karl Schiffner ›› Der mustergültige Bierwirt

Karl Schiffner ist ein ausgezeichneter Wirt. Das bedeutet, dass er nicht nur weiß, was seine Gäste wollen, sondern, was sie brauchen. Ein normaler Wirt kann das geben, was seine Gäste erwarten, ein guter liefert mehr, ein ausgezeichneter kann Angebote machen, von deren Existenz seine Gäste nicht einmal zu träumen gewagt hätten.

Das Biergasthaus in Aigen-Schlägl gehört zu den lohnendsten Reisezielen für jeden, der mit Bier auch nur einen positiven Gedanken verbindet. Für Bierverrückte ist es ein wahres Mekka.

Wer Schiffner kennen gelernt hat, wird sofort verstehen, warum 3 bedeutende Brauereien den Wirt nicht nur als vierten Partner im Mühlviertler Bierquartett akzeptieren, sondern seinen Ideen und Anregungen folgen. Schiffners vom Bier bestens angeregten Windungen, gleichsam cerevisial-cerebral, ist das Mühlviertler Biererlebnis entsprungen.

## Schlägl ›› Mit Andacht gebraut und genossen

„Ist man einmal dort gewesen, dann „kommt man nicht mehr davon los", davon ist Markus Rubasch überzeugt. Der Chorherr und Leiter der Stiftsbrauerei in Schlägl ist auch überzeugter Mühlviertler. 25.000 Hektoliter Gründe, warum die Leute gerne wiederkommen, produziert alleine seine Stiftsbrauerei jedes Jahr. Darunter so feine Köstlichkeiten wie ein Bio-Roggen oder eine bernsteinfarbige obergärige Bierspezialität, die nach dem heimischen Dichter Stifter Bier heißt.

Die Bierproduktion im Prämonstratenser-Stift war die längste Zeit ausschließlich für den Eigenbedarf bestimmt. Die Chorherren versorgten so ihre Gäste, Mitarbeiter und natürlich sich selbst. Erst seit der Mitte des 20. Jahrhunderts wurde die Stiftsbrauerei Schritt für Schritt zum Marktteilnehmer. Heute steht hinter Schlägl Bier ein rühriges und kommunikationsfreudiges Team, was in der heimischen Bierszene alles andere als selbstverständlich ist. Dabei befördern schon die traumhaften Qualitäten der Schlägler Biere deren Vermarktung. Unterstützung kommt auch von der stiftseigenen Gastronomie.

Im Jahr 1992 wurde anlässlich einer Landesausstellung tüchtig renoviert, seit damals dient der Stiftskeller als Braugaststätte. ››

›› Die Übersiedelung der Brauerei von der Nordwestecke des Stiftes in einen vormals als Getreidespeicher genutzten Bau fällt ins Jahr 1863. Im selben Jahr wurde ebenfalls damit begonnen, einen größeren Märzenkeller anzulegen. Damals braute man schon 43 Jahre lang Märzenbier. Braumeister Kajetan Rotter war seinerzeit für den ersten Sud zuständig gewesen. Daneben wurde noch lange Zeit das obergärige Ordinaribier hergestellt. Da der neue Keller erst in den Fels gesprengt werden musste, verzögerte sich seine Eröffnung bis in das Jahr 1865. Aus dem Nachkriegsjahr 1919 ist ein Dokument erhalten, das die damalige Herstellung von Rübenbier bezeugt. 1928 wurde die erste Kühlanlage angeschafft. Manche Entwicklungen brauchen ihre Zeit: So wurde die Übersiedelung der Brauerei erst 1953, 90 Jahre nach dem ersten Schritt, mit der des Sudhauses finalisiert. Am 1. Mai 1954 wurde die Brauerei am heutigen Standort eröffnet.

Bis 1959 wurden die Biere ausschließlich in Eichenfässern gelagert, die dann eingebauten Lagertanks aus Aluminium haben ein Fassungsvermögen von bis zu 70 Hektolitern: Sie sind größtenteils heute noch in Verwendung. 1980 kamen zylindrokonische Edelstahltanks hinzu, die sowohl als Gär- als auch als Lagertanks verwendet werden. Jüngst, nämlich 2006 und 2007, wurden Gär- und Lagerkeller adaptiert. In Bezug auf seine Entstehung im Stift, am Ort hoher Werte, wird Schlägl Bier heute mit dem Spruch „Das wertvollste Bier Österreichs" beworben.

## BIER STACHELN

Ich habe Braumeister Reinhard Bayer erstmals persönlich kennen gelernt, als er eigenhändig sein Bockbier stachelte. Dieser alte Brauch, bei dem ein glühender Eisendorn für einen Moment in ein frisches Starkbier getaucht wird, ist selten geworden. In Aigen-Schlägl wird er praktiziert, nicht nur in der Stiftsbrauerei, auch beim Bierwirt Schiffner. Abgesehen davon, dass das Bier-Stacheln fantastisch und überraschend wirkt, verändert es auch noch das Bier. Durch den plötzlich eingeführten glühenden Dorn karamellisiert ein Teil der Flüssigkeit, das Bier bekommt so zusätzliche Geruchs- und Geschmacksnuancen.

Bayer braut das Schlägl Urquell, ein Märzenbier und damit die Hauptsorte der Stiftsbrauerei. Seit vielen Jahren wird es auf seinem Weg zum Markt vom dunklen Malzkönig, einem Abtei-Pils, dem Kristall-leicht und einem Weihnachts-Doppelbock begleitet. Seit 1992 wird das Sortiment durch ein Roggenbier ergänzt, das seit einigen Jahren als Bio-Roggen eingebraut wird. 1995 kam noch das obergärige Stifter Bier hinzu.

# Hofstetten ››
# ausgefallene Bier-Spezialitäten

Der Besitz der Pibersteiner wurde 1229 erstmals urkundlich erwähnt. Herrschaftssitz und Raststätte lagen an einem Kreuzungspunkt der Via Regia, der alten, geschichtsträchtigen Salzstraße von der Donau nach Böhmen. Damals brauten die meisten Gaststätten ihr Bier selbst. Also ist anzunehmen, dass bereits 1229 in Hofstetten eine Brauerei stand. Eine „Brauerei Hofstetten" wird im Urbar von Wallersee 1449 erstmals erwähnt. 1847 ersteigerte Kaspar Krammer, ein aus dem böhmischen Ottau stammender Viehhändler, die Brauerei, weil sie bei ihm Schulden hatte. Der heutige Bräu, Peter Krammer, übernahm 1998 die Brauerei in der fünften Generation. Hofstetten ist somit vielleicht die älteste Privat-Brauerei Österreichs, sicher aber eine der ältesten Braubetriebe des Landes.

Jens Luckart bildet nicht nur nachwachsende Biersommeliers aus, er ist „ganz nebenbei" Braumeister zu Hofstetten. Dort stellt er jährlich zwar „nur" 6000 Hektoliter Bier her, darunter jedoch viele ausgesuchte Feinheiten. Erst 2008 wurde das Starkbiersortiment auf 4 Biere erweitert. Neben dem Weihnachtsbock, einem Sündenbock und dem Hochland BIO Honigbock wurde erstmals auch ein Granitbock eingebraut. Dass die damit verbundene neue Positionierung der Brauerei als Betrieb, der auch zahlreiche seltene Spezialitäten herstellt, geglückt ist, belegen auch erste Exporterfolge etwa in die USA.

### BRAUEREI IM FEINKOSTLADEN MÜHLVIERTEL

Luckart vergleicht das Mühlviertel gerne mit der Toskana. „Was für die der Wein ist, ist für uns das Bier." Beide Landschaften werden mit gutem Essen assoziiert. Die Brauerei Hofstetten macht sich seit Jahren um die Kombination von Bier und Speisen verdient. Gemeinsam mit dem erstklassigen Koch Georg Friedl werden Biermenüs ausgeklügelt und Speisen kreiert, die entweder ganz hervorragend zu einem der Hofstettner Biere passen oder mit Bierrohstoffen zubereitet werden. Dafür wurde in der Brauerei eine eigene „Geschmacksschule" eingerichtet. Unter fachkundiger Anleitung werden dort die Sinne trainiert und bewusstes Wahrnehmen geübt. Auch an Bier-Rohstoffen darf geschnüffelt werden, im Rahmen einer Brauereiführung wird junges Bier direkt aus dem Tank gezapft und den Gästen zur Probe gereicht. Ein Lieferservice, auch für private Haushalte, ergänzt das Dienstleistungsangebot der Brauerei. Neben den 11 Bieren des ständigen Sortiments braut Luckart immer wieder ausgefallene Spezialitäten, wie etwa ein Kaffeebier, bei dem die Bittere nicht aus dem Hopfen, sondern aus der Bohne kommt, ein. Hofstetten gehört ohne Zweifel zu den interessantesten Brauereien in ganz Österreich. Der Besuch in St. Martin im Mühlkreis lohnt sich ganz besonders.

# Freistädter ›› die Commune braut

„Platzhirsch" der Region ist die seit 1777 bestehende Braucommune aus Freistadt. Eine Organisationsform, die schon ausgestorben wäre, gäbe es kein Freistädter Bier. Ihr Prokurist, Ewald Pöschko, ist auch Obmann der Mittelstandsbrauereien Österreichs. Er ist überzeugt: „Wenn die Leute genug vom Einheitsbier haben, ist es gut für sie zu wissen, wo sie Spezialitäten herbekommen." Die Commune braut rund 60.000 Hektoliter im Jahr. Aber auch die werden, wie dies bei mittelständischen Betrieben oft üblich ist, „rund um den Schornstein" verkauft. Bis auf eine kleine Menge, die exportiert wird. Besonders der Freistädter Bock hat es Bierfreunden im Ausland angetan. Nicht zuletzt bei den Nachbarn in Tschechien, dem Mutterland großer Biere.

Bereits anno 1363 verlieh Herzog Rudolf IV. den Bürgern von Freistadt das Privileg, in ihren eigenen Häusern Bier zu brauen und es dort auch auszuschenken. Nach damaligen Usancen war nur dann jemand ein Bürger, wenn er „häuslich saß": das bedeutet, dass er ein Haus innerhalb der Stadtmauern von Freistadt besitzen musste.

1770, am Festtag des heiligen Sylvester, unterzeichnete die Bürgerschaft von Freistadt einen Kaufvertrag mit der Gemeinde. Gegenstand war ein Grundstück außerhalb der Stadt, das man den Stadtschreibergarten nannte. Dort wurde innerhalb eines Jahrzehntes das neue Brauhaus errichtet.

Die brauberechtigten Bürger, also die Besitzer der 149 Häuser der Freistädter Innenstadt, schlossen sich zur Wahrung ihrer Interessen in der Braucommune in Freistadt zusammen. Jeder „Brauinteressent" tätigte eine Einlage, die aus Eimern bestand (1 Eimer entsprach rund 56 Litern). Das Gesamtvermögen von 6.390 Eimern wurde ungleichmäßig auf die 149 Brauinteressenten aufgeteilt. Mindestens 15 Eimer sind auf jedem Haus grundbücherlich sichergestellt. Weitere Anteile dürfen bis zu einem Ausmaß von maximal 140 Eimern pro Haus dazugekauft werden. Bis heute blieben die von den Freistädter Braucommunisten erworbenen Rechte und Pflichten unangetastet. Die Commune als Rechtsform einer Firma ist derzeit im Handelsregister als solche eingetragen. Sie ist die Letzte ihrer Art in ganz Europa.

Braumeister Richard Grasmück braut neben einem Märzen und dem Leichtbier Midium ein weiteres Vollbier ein, den Ratsherrentrunk: Hoch gedarrtes Pilsner Malz und Karamellmalz erbringen eine warme dunklere Goldfarbe und ein weiches, volles Mundgefühl. Dann folgt die anhaltende intensive, zugleich feine Bittere. Ein erlesenes Premiumbier. Der Weihnachtsbock, ein sehr feines Biozwickl, ein dunkles Bier und das Freistädter Rauchbier machen das erlesene Angebot vollständig.

## MARKTNISCHE BIERTOURISMUS

Dass sich die Mühlviertler Brauer zusammengeschlossen haben, um neben ihren Eigenauftritten auch gemeinsam zu vermarkten, ist eigentlich eine kleine Sensation. Denn die konservative Branche brauchte länger als andere Wirtschaftszweige, um zu verstehen, dass Synergieeffekte gemeinsam nutzbar werden. Und dass ein Miteinander manchmal jedem Einzelnen mehr bringt als das Verharren in Konkurrenz. Kaum zu glauben, aber wahr: Die 3 Brauereien haben anlässlich der Euro 08 sogar ein gemeinsames Bier aufgelegt. Es hat sich viel rascher verkauft, als selbst der größte Optimist erwartet hatte.

Die Zusammenarbeit der Brauer und des Bierwirten im Mühlviertel wirkt sich inzwischen auch auf Lieferanten und Gastronomie positiv aus. Erste Ansätze, den Tourismus mit Bierangeboten zu beleben, sind am „Mühlviertler Biererlebnis" und seinen erschwinglichen Pauschalangeboten zu erkennen. Verglichen mit der Reise zum Wein ist die Bierreise eine noch kleine, aber rasch wachsende Nische der Fremdenverkehrswirtschaft.

Außerdem veranstalten die Protagonisten des Biererlebnisses ein großes Bierfestival. An 2 Tagen wurden 2008 60 Biere aus 11 Brauereien, darunter exotische Spezialitäten wie etwa Kräuterbiere, zur Verkostung gereicht. Siehe dazu Seite 106.

# Innviertel ›› die größte Brauereidichte Österreichs

Die größte heimische Brauereidichte in Oberösterreich und damit im gesamten Bundesgebiet finden wir im Innviertel. Beginnen wir tief im Westen, in Gundertshausen, wenige Kilometer nördlich der Salzburger Grenze.

## Schnaitl ›› das beste Pils Europas

Manche Geschichten enden in einer Katastrophe, manche beginnen damit. Ein traditionsreiches Gasthaus – es bestand seit 1492 – brannte 1841 bis auf seine Grundfesten ab. Franz Schnaitl, damals 25 Jahre alt, sah in der Krise eine Chance und entschloss sich, nicht nur die Gaststätte neu zu bauen, sondern sie gleich mit einer Brauerei zu versehen. Um das Brauhandwerk zu erlernen, ging er zu den Augustinern. Aber nicht zu den Mönchen, die im nahen Salzburg das Bräustübl zu Mülln betrieben, sondern zu jenen in München. 2 Jahre später wurden 36 Eimer Bier gebraut, 1846 waren es schon 6.000. Noch ein Brand – aber die Brauerei blieb verschont. Jahre der Expansion folgten, Matthias der Erste übernahm am 19. November 1895 den Besitz. Trotz erstarkender Konkurrenz stieg der Ausstoß auf 13.000 Hektoliter im Jahr 1910, anno 1930 sank er unter 5.000 Hektoliter. Erst 1956 stieg er wieder über die 10.000er Marke. Matthias der Dritte, 1936 geboren, übernahm den Braubetrieb anno 59. In seiner Ära wurde neu gebaut. Anfang der 1980er Jahre konnten3 Brauereien akquiriert werden – Riegertinger, Höhnhart und Noppinger. 1989 kürte die kritische Zeitschrift „Konsument" das Schnaitl Pils zum „besten Pilsbier" Europas. Goldmedaillen bei der Monde Selection folgten – nur zu gut nachvollziehbar, dass das 150-jährige Bestandsjubiläum 1992 mit einem dreitägigen Fest begangen wurde. Heute besteht das Sortiment der Brauerei aus 7 Bieren: Alexander Pöllner braut das „Original", ein Märzen, das berühmten Schnaitl Pils de Luxe und einen Festbock. Darüber hinaus wird ein sehr gutes, hoch vergorenes und daher nicht zu süßes dunkles Bier, ein Zwickl namens Schnaitl Naturtrüb und ein Radler angeboten.

Das Schnaitl Florian ist ein Vollbier nach „Alter Bayrischer Braukunst". Laut Matthias Schnaitl entspricht das dem Schutzpatron der Bierbrauer gewidmete Bräu mehr dem städtischen als dem ländlichen Biergeschmack. Es ist schon vom Rohstoffeinsatz her etwas kräftiger, sowohl was die Malzschüttung als auch den Hopfeneinsatz anbetrifft.

## Baumgartner ›› 400 Jahre Tradition

Am 10. Juli 2009 erleben wir das 400-Jahr-Jubiläum einer Traditionsbrauerei. In der Barockstadt Schärding, ein paar Meter vor dem Freistaat Bayern, steht das Haus, aus dem die Baumgartner Biere kommen. Die innerhalb der Stadtmauern begründete Brauerei steht seit 1609 im Familienbesitz, 1954 wurde der Standort vor die Tore der Stadt verlegt. Sudhaus und Gärkeller wurden bereits 1983 erneuert und vollautomatisiert, 1996 ein Neubau mit Flaschenfüllanlage gefeiert. Im selben Jahr wurde mit erheblichem Aufwand die betriebseigene Abwasserreinigungs- und Kanalisationsanlage errichtet, die erst 2007 auf den jüngsten Stand der Technik gebracht wurde.
1938 kaufte Baumgartner Bier die Brauerei Niklas in Wesenufer an der Donau. Dort wurden bis 1993 die alkoholfreien Getränke des Unternehmens erzeugt. Auch die Belieferung der Baumgartner Kunden entlang der Donau und im Mühlviertel erfolgte bis 1997 vom Standort Wesenufer aus.

Die Brauerei Jos. Baumgartner AG zählt zu den größten mittelständischen Brauunternehmen Österreichs, die sich ihre Eigenständigkeit bewahren konnten. Dies gelang auch über 1989 hinaus, dem Todesjahr der Kommerzialrätin Marie Spanlang, geborene Baumgartner. Danach wurde eine AG gegründet und in die „Gemeinnützige Baumgartner-Spanlang-Stiftung" eingegliedert, die nach dem Vermächtnis ihrer Gründerin Einrichtungen für behinderte Kinder und betagte Menschen fördert.

Heute werden bei Baumgartner in Schärding 9 verschiedene Biere gebraut. Neben den Vollbieren Märzen, Pils und Export beziehungsweise Baunti 1609 Lager gibt es noch ein Doppelmalz, einen hellen Weihnachtsbock, ein so genanntes Stiftungsbier und die Biermischgetränke Radler (50:50 Vollbier zu Zitronenlimonade) und Baunti 1609 Lemon.

## Kapsreiter ›› handwerkliche Spezialitäten

Auch Kapsreiter, die kleine Brauerei mit den feinen Bierspezialitäten ist in Schärding am Inn zu Hause. Seit einigen Jahrzehnten werden dort Biersorten entwickelt, die sich von den üblicherweise am Markt angebotenen Bieren unterscheiden. Will man das aus dem Blickwinkel des Marketings betrachten, so kann man sagen, dass der einzigartige Verkaufsanspruch der Kapsreiter Biere durchaus mit dem Produkt selbst zu tun hat. Aber auch die Verpackung stimmt, die stilvolle Bügelflasche wirkt anziehend. Für den Bierfreund herausragend ist das Kapsreiter Stadtbräu. Es beweist, was es für den Charakter und Geschmack bedeutet, wenn man ein Bier ausschließlich aus der Vorderwürze gewinnt.

Michael Harmer entstammt einer alten österreichischen Brauerfamilie mit starken Bezügen zur Landwirtschaft. Er hat sich ein feines Bierimperium aufgebaut, dazu gehört neben Kapsreiter auch die Brauerei Grieskirchen und die „Spillerner Gastwirtschaft" samt dort angesiedelter Gasthofbrauerei. ››

›› Die Brauerei gehört zu den sehr alten Traditionsbetrieben – sie wurde 1590 gegründet und später von ihrem Namensgeber, dem bayrischen Brauer Michael Kapsreiter übernommen.

Braumeister Thomas Ertl braut neben dem Stadtbräu 4 weitere Biere. Den saisonbezogenen und mehr als 100 Tage lagernden Landbier-Bock, ein Pils und 2 Landbiere: Goldbraun, ein dunkles Bier, das ohne Zucker und Malzextrakt auskommt, und ein helles, das seinen besonderen Geschmack der Tüftelei des Braumeisters verdankt. Die spezielle Mischung zahlreicher Malzsorten bleibt natürlich streng vertraulich. Die Rohstoffe stammen aus biologischem Anbau, die Biere werden in offenen Bottichen vergoren und reifen in separierten Lagertanks. „Die handwerkliche Kunst ist so ausgereift, dass keine Filterung mehr notwendig ist." Der Brauerei Kapsreiter gelingt es offensichtlich, die möglichen Stärken einer kleinen, handwerklich firmen Brauerei voll auszuspielen. Die Ergebnisse schmecken in jedem Fall für sich.

## Raschhofer ››
## alles was glänzt, ist Kupfer

Bis auch in Altheim eine 400-Jahr-Feier einer Brauerei fällig wird, dauert es auch nur mehr 36 Lenze. Die Braustätte, auf der die seit 1896 „Raschhofer" heißende Brauerei zurückgeht, wurde 1645 gegründet. Seit damals ist die Besitzfolge lückenlos beurkundet. Bereits 10 Generationen – ab dem Jahr 1777 – ist das Unternehmen im Besitz der Familie Raschhofer beziehungsweise Scheriau. Dr. Christoph Scheriau und Dr. Doris Scheriau-Raschhofer haben die Brauerei kurz vor der Jahrtausendwende übernommen.

Kupfer hat Eigenschaften, die es zum idealen Material für Kochgeschirr machen. Profiköchinnen wissen das ebenso wie viele Hobbyköche. Dank seiner besonderen Wärmeleitfähigkeit fördert es die Aromenbildung. Deshalb wurde und wird es so gerne für die Ausstattung von Sudhäusern herangezogen. Obwohl die meisten großen Brauereien heute auf Edelstahlgefäße umsteigen – Scheriau schwört auf Kupfer und beschwört die Zukunft: „Unser großes Versprechen: Wir werden immer in Kupfergefäßen kochen. Auch wenn es länger dauert und etwas mehr Energie kostet." Das ist sicher ein Grund dafür, warum die Raschhofer Biere durch ihr köstliches Hopfenaroma überzeugen.

Das Brauen scheint in Altenheim tatsächlich nicht immer nur betriebswirtschaftlichen Zwängen unterworfen zu sein. Denn neben dem Bekenntnis zum Brauen in Kupfer nimmt man sich bei Raschhofer ganz bewusst mehr Zeit für das werdende Bier. Dazu gehört die Gärung in offenen Bottichen. Bier braucht in dieser Phase besonders viel Zuwendung. Jeden Tag wird mehrmals und händisch der Vergärungsgrad gemessen und in das Diagramm am Bottich eingetragen.

Bietet sich einmal die Gelegenheit, einen solchen Gärkeller zu besichtigen – nehmen Sie sie wahr. Man sieht, hört und riecht, wie das Bier lebt und seiner Vollendung entgegengärt. Im Lagekeller dürfen sich die Raschhofer-Biere ebenfalls ausreichend Zeit nehmen. 6 bis 8 Wochen reifen die Biere bei Temperaturen um den Gefrierpunkt.

## Wurmhöringer ››
## bestes Bier im Diskonter

Die Brauerei Wurmhöringer hat ihren Brau-gasthof am Stadtplatz zu Altenheim 1999 generalsaniert. Dort kann man das vollmundige Zwickl am Ort seines Entstehens frisch genießen. Ein wunderbares Erlebnis.

Die älteste urkundliche Erwähnung der Brauerei datiert aus 1632, damals waren Georg und Maria Wöckl die Besitzer. 1885 heiratete die damalige Besitzerin Maria Spindler ihren Braumeister Josef Wurmhöringer. 1989 übernahm deren Nachfahre Franz Wurmhöringer, womit die Fortsetzung der Brautradition gesichert ist. In den jüngsten 20 Jahren wurde die Brauerei – vom Sudhaus bis zur Flaschenfüllung – Stück für Stück modernisiert. Heute beschäftigt Wurmhöringer 24 Mitarbeiter, die einen Jahresausstoß von 60.000 Hektoliter – Bier und Limonaden – erzeugen und vertreiben. „Unter 50.000 Hektoliter" davon macht alleine das Bier aus. Seit längerer Zeit konzentriert man sich in der Biervermarktung auf ein ausgezeichnetes Preis-Leistungs-Verhältnis. Der Werbeslogan: „Selten ein so günstig gutes Bier getrunken" spricht für sich. Die Rechnung geht auf: Die Marke ist sensationell im Lebensmitteleinzelhandel gelistet. REWE, ADEG, SPAR, METRO, Unimarkt, Pfeiffer, LIDL und mehr. Das liegt auch am unternehmerischen Pioniergeist der Familie. „Wir sind schon nach Wien und in die Steiermark gefahren, als noch das Bierkartell existierte." Franz Wurmhöringer ist überzeugt davon, dass kleinere Brauereien „mehr Marketing brauchen, als zweimal im Jahr den Preis zu erhöhen". So ein gutes Bier wie das Wurmhöringer im Supermarkt so günstig zu bekommen hat schon etwas zutiefst Demokratisches. Die Wurmhöringer-Erfolgsgeschichte im Einzelhandel wurde durch die Einführung der 0,33-Liter-Einwegflasche mit Drehverschluss – speziell für die Diskonter – um ein spannendes Kapitel verlängert.

Neben dem Zwickel stehen 8 Sorten zur Verfügung. Mit heiterer Leichtigkeit wurde der Brauerei- und Familienname zur Marke „Wurmi" umfunktioniert. Das Märzen ist im leichteren Drittel der Vollbiere angesiedelt. 3 weitere Produkte komplettieren das Vollbier-Quartett: 2 Pilsner, das Privat Pils mit 4,8% Vol. und das deutlich kräftigere Thermen-Bräu (5,2% Vol.). Leichter wird es mit dem Schankbier Goldkrone, 4,4% Vol., und dem Leichten Landbräu, einem Bier der Medium-Klasse. Zählt man noch den Römerweg-Radler und den Festbock hinzu, kann man auf Wurmhöringerisch sagen: „Alle Neune!"

## Vitzthum ››
## die Familie mit Hang zum Pils

In Uttendorf, mitten im tiefsten Innviertel, steht ein Braugasthof mit großer Geschichte, mit „ursprünglicher, bayrischer Brautradition". Diese Region war lange bayrisch. Seit vielen Jahrzehnten besteht gute Nachbarschaft, und vor allem durch die Aufhebung der Grenzkontrollen hat sich vieles dies- und jenseits des Inn noch enger miteinander verbunden. Viele Generationen lang führt die Familie Vitzthum bereits den Brauhof, dessen Ursprünge bis in die Anfänge des 17. Jahrhunderts zurückreichen. ››

›› Neben dem herausragenden Experimental-Bier Einhundert BE braut Mathias Vitzthum ein Sortiment aus 9 verschiedenen Bieren. Seine Zusammensetzung entspricht bester heimischer Biertradition.

Märzen und Pils sind die beliebtesten Produkte der Brauerei, die knapp 20.000 Hektoliter Bier im Jahr verkauft. Dabei ist das Uttendorf Pils das Flaggschiff der Produktpalette, seine Bekanntheit reicht weit über die Region hinaus. Matthias Vitzthum braut es mit Tettnanger und Saazer Hopfen. Die Vollbiersorten werden durch ein leichtes Lager ergänzt. Dazu gibt es, ganz dem oberösterreichischen Geschmack entsprechend, ein helles und ein dunkles Weißbier. Hinzu kommen ein Export, ein Spezial, das Falstaff heißt, und ein Bock. Das Uttendorf Premium ist ein dunkles Bier, das hoch vergoren wird. Mit geringer Restsüße wirkt es nicht breit und gehört somit zu den besonders gut antrinkbaren dunklen Bieren Österreichs.

## Kellerbräu ››<br>Z'Ried und im „Guinness Buch"

Die Nähe des Bieres zur Medizin wird auch im alten Ried sichtbar. Die Kellerbrauerei gehörte im 15. Jahrhundert zum Pflegeschloss, das noch heute ein Krankenhaus beherbergt. Die älteste Nennung, die wir kennen, datiert aus dem Jahr 1446 und ist im herzoglichen Urbarbuch als „cheler mit seinen zugehörn" erwähnt. Bis 1960 war die komplette Produktionsanlage, von der Mälzerei bis zur Abfüllung, ausschließlich unter Keller. Erst 1970 wurde neu gebaut, dafür aber großzügig. Heute führen 2 Generationen der Familie Fischer das Kellebräu. Der Juniorchef, Karl Fischer, ist der Braumeister.

Zur Brauerei gehört auch ein großer und in Ried sehr beliebter Gasthof, im Sommer sitzt man sehr schön hinten im Hof. Dort unterhält man sich bestens mit dem frischen Naturtrüb oder dem Naturtrüb drive, zurzeit wohl das einzige alkoholreduzierte Zwickelbier Österreichs mit 10,1 Grad Stammwürze und 3,2% Vol. Alkohol. Das kräftige Annen-Bräu (12,3 Grad Stammwürze und 5,3% Vol. Alkohol) wurde früher ausschließlich anlässlich des Annenfestes ausgeschenkt, das Ende Juli stattfindet und Mitte des 19. Jahrhunderts zu den beliebtesten Festen der Wiener gehörte. Heute kann das Fassbier ganzjährig genossen werden. 5 Flaschenbiere ergeben ein wahrhaft klassisches Sortiment: Märzen, Pils, Spezial, Dunkel und Festbock. Mir mundet das Kellerbräu Spezial besonders gut: dunkles Gold; malzig-würzige Nase; intensiv, mit einem Hopfen-Spitz in der Mitte. Rezenter Antrunk, sehr reife Pfirsiche am Gaumen. Delikat. Im Nachtrunk eine feine Hopfennote. Man spürt die Kraft des Spezialbieres, es bleibt aber gut trinkbar.

## Rieder Bier ›› Weißbier der Weltspitzenklasse

Immer wieder liest man in alten Chroniken von schwankenden Bierqualitäten. Wer „seinerzeit“ ein schlechtes Bier beklagt hat, wäre aber wohl mit fast jedem heute in Österreich gebrauten Bier glücklich und zufrieden gewesen. Vor gut 100 Jahren muss das noch ganz anders gewesen sein. Da war der Leidensdruck Innviertler Wirte so groß, dass sie nicht mehr (nur) schimpfen, sondern handeln wollten. 1908 war es so weit: Die Wirte schlossen sich zusammen und gründeten eine eigene Brauerei. Bereits 2 Jahre danach wurde das erste Bier abgezogen – auf Flaschen, die die Wirte damals noch selbst beistellen mussten. Dann wurde eine Picherei für die Fässer gebaut. Und dann kam der Krieg.

Die ersten Jahrzehnte des 20. Jahrhunderts waren turbulent. In den 1920er Jahren standen die Rieder vor dem Aus: Banken und Wirtschaftskrise. Aber auch diese Zeiten wurden gemeistert und bereits in den Dreißigern wurde kräftig investiert: Umbau des Sudhauses, neues Kühlschiff, zweite Kühlmaschine. Und dann kam der Krieg.

Endlich Frieden. Endlich wieder Bier. Die Wirtschaftswunderjahre brachten auch in Ried kräftigen Aufschwung. Damals neu: Flaschenfüllung, Tankkeller, Gerstenputzerei, Hopfenkeller. Sechziger bis Achtziger: neuer Gärkeller mit 10 Gärbottichen, weitere Verbesserung der Lager, Hefezuchtraum, ein Gärkeller für Weißbier und die große Erneuerung des Sudhauses. In den letzten Jahren des zweiten Jahrtausends wird tüchtig in Produktionsqualität und in Repräsentation investiert. Anfang dieses Jahrtausends betreffen die Investitionen vor allem die Herstellung von Weißbier. Aufwendungen, die sich auszahlen, denn Rieder Weißbiere gewinnen Test um Test. Bei unseren Weizenbier-Blindverkostungen schneiden sie immer wieder sehr gut ab.

2008, zum „Hundertsten“, wird großzügig ausgebaut. Diesmal kommen auch die Büros und der Shop dran. Die Rieder sind „Vollsortimenter“. Alle Rieder-Biere sind tadellos gebraut. Das beginnt bei den Vollbieren Märzen, Pils und Urecht, setzt sich im Spezialbier „Stelzhamer“ fort und reicht bis zu den Spezialitäten, die ebenfalls auf die 2003 wieder eingeführte Bügelflasche gezogen werden: Naturtrüb 1908 und Festbock. Das Rieder-Weißbiersortiment ist aber einfach besser als gut. Ried ist eine der besten Adressen für Weizenbiere, nicht nur Österreichs. Die Genossenschaft zu Ried im Innkreis gehört zweifellos zur Weißbier-Weltspitze.

## Grieskirchner ›› Wirte wollten kein anderes

So wie Kapsreiter gehört auch die Grieskirchner Brauerei zum Unternehmensverbund von Michael Harmer. Sie liegt heute mitten im Ort, weil der über seinen früheren Rand hinausgewachsen ist. ››

›› Dass diese Brauerei bis heute nicht dauerhaft in eine industriell organisierte Braugesellschaft eingegliedert wurde, liegt daran, dass sich mehrere Wirte aus der Region frühzeitig dazu entschlossen hatten, lieber die Brauerei zu kaufen, damit nicht über kurz oder lang „aus dem Grieskirchner ein anderes Bier wird". Noch immer sind zahlreiche Wirte unter den Aktionären der Brauerei.

Wolfgang Michaelis war zwischen 1982 und 2007 Braumeister in Grieskirchen. Bereits in den 1970ern hat der Bierkultur-Pionier regelmäßig Bierseminare abgehalten, die sich regen Zuspruches erfreuten. Besonders stolz war er auf die Entwicklung der neuen Rezeptur des Grieskirchner-Pils, denn: „Wir waren die Ersten, die da mit der Stammwürze heruntergegangen sind, weil es besser für das Produkt war." Das Pils ist auch sein Lieblingsbier. „Man kann damit zechen, ohne gleich das Handtuch werfen zu müssen." Seit Anfang des Jahres 2008 ist Andreas Moser der Grieskirchner Braumeister. Konsequent arbeitet er an der Weiterentwicklung der herausragenden Bierqualität, dabei hilft ihm seine langjährige Erfahrung.

# Das oberösterreichische Salzkammergut

## Schloss Eggenberg ›› der Weg zum Bier

Mitten im Herzen des Salzkammergutes steht eine der bekanntesten Spezialitätenbrauereien der Welt. Dort wurde in den 1970er Jahren erstmals der „Urbock" eingebraut. Dank einer Stammwürze von 23 Grad kommt er auf 9,6% Vol. Alkohol. Dieses „Baby" wird 9 Monate lang ausgetragen, währenddessen ruht es in den Schlosskellern, bis es bernsteinfarben das Licht der Welt erblickt. Ein schönes Kind, heimst es doch regelmäßig Auszeichnungen ein. Über das noch stärkere „Samichlaus" steht auf Seite 21 mehr.

Schloss Eggenberg ist ein Sonderfall in der Landschaft heimischer Brauereien. Das Sortiment ist außergewöhnlich, sowohl in seiner Struktur als auch dank der Eigenschaften einzelner Biere. Doch es wäre für Karl Stöhr völlig atypisch, würde er sich mit diesen großen Erfolgen begnügen. Ein „Eggenberger" ruht nicht auf seinen Lorbeeren. Also wurde „Der Weg zum Bier" gebaut, eine Erlebniswelt und ein Verkostungszentrum.

Der Ansatz des Verkostungszentrums ist ebenso unüblich wie richtig. Es bedarf solcher Vorreiter wie der Familie Stöhr, die Zeichen der Zeit zu erkennen und mitzuprägen. Bier ist „am Sprung". Langsam, aber sicher wird erkannt, dass in Bieren viel mehr zu finden ist als Erfrischung und Entspannung.

Seit Mai 2008 kann man im Schloss Eggenberg auf einem neuen Rundgang die Bierproduktion „mit allen Sinnen" erleben. An den Stationen können sowohl aktuell in Gebrauch befindliche als auch historische Gerätschaften (Läutergrand, Berieselungskühler) bewundert werden. Anlass dieser Investition war die oberösterreichische Landesausstellung 2008 „Salzkammergut". Die Schlossbrauerei war einer der Ausstellungsorte. Das hat sich so bewährt, dass sie auch 2009 Teil der Landesausstellung ist, die in diesem Jahr das Thema „Mahlzeit" behandelt.

IM VERKOSTUNGSZENTRUM KANN DAS GESAMTE AKTUELLE SORTIMENT IN 4 STATIONEN ZU JE 3 BIEREN PROBIERT WERDEN:

- *Die Salzkammergut-Sterne*
  - *Sommerfrisch!*
  - *Hopfenkönig*
  - *Naturtrüb*
- *Die Salzkammergut Auslese*
  - *Festbock*
  - *Urbock 23*
  - *Samichlaus Classic*
- *Der Salzkammergut Dreiklang*
  - *Birell*
  - *Nessie*
  - *Hopfenkönig Medium*
- *Die Salzkammergut Klassiker*
  - *Classic Märzen*
  - *Gold*
  - *SalzkammergutRadler*

*Stöhr dazu: „Bier hat es sich verdient, anders gesehen zu werden denn als Massengetränk. Unsere neue Strategie ist es deshalb, den Standort zu zeigen, den Weg zu uns zu weisen."*

Eine erfreuliche Gegenwart, die auf einer langen Brautradition fußt: 1452 übergibt König Ferdinand I. Schloss Eggenberg als Eigentum den Fernbergern. Sie machen Eggenberg zu einem kulturellen Zentrum. Um 1650 übernehmen die Grafen Kufstein Eggenberg. 1681 erwirbt Michael Weißmann Schloss und Brauerei. Bierlieferungen an eine Vorchdorfer Taverne sind bereits im 15. Jahrhundert dokumentiert. Mitte des 16. Jahrhunderts häuten sich die Hinweise auf eine bedeutende Brauereitätigkeit. Nach mehreren Eigentümerwechseln erwirbt Georg Forstinger, der Ur-ur-ur-urgroßvater des heutigen Eigentümers Karl Stöhr, die Brauerei Schloss Eggenberg. Der Ausstoß betrug im Jahr 2007 164.000 Hektoliter.

*Schloss Eggenberg*
Brauerei

# Zipfer ›› Naturhopfen und eine starke Marke

Innovationskraft ist ein geheimer Saft. Er scheint der größten Brauerei Oberösterreichs ewige Jugend zu verleihen. Im Hausruckvorland liegt ein kleiner Ort namens Zipf. Dort wird Bier gebraut, schon 1858. Diese Zahl bezeichnet das Jubiläumsbier, welches seit der Geburtstagsfeier im April 2008 bis zum Ende dieses Jahres ausschließlich in der Gastronomie zu haben war. Das Geschenk, welches sich die Brauerei selbst zum schlanken 150er bereitet hatte, war das jüngste Glied in einer Kette von Neuerungen.

Die Marktforschung bestätigt: Österreichs Biergenießer haben zu Recht den Eindruck gewonnen, dass Zipfer die innovativste Biermarke im Lande ist. Denn schon Anfang der 1960er Jahre hat man in Zipf den Trend zu elegant gehopftem, schlankerem Bräu vorausgesehen. Das Bier gewordene Ergebnis wurde zunächst „Urhell" genannt, seit 1967 heißt die Erfolgssorte der Brauerei „Urtyp" – seit mehr als 40 Jahren wird das „Glas heller Freude" immer wieder aufgefüllt.

*Zipfer*
Brauhaus

## DIE REVOLUTIONEN AB 1968

Die 1968er Revolution meint hier die Kunststoffkiste, 10 Jahre danach wurde erstmals ein 6er-Träger am heimischen Markt eingeführt: befüllt mit Zipfer. Der Trend zu Bieren, die bei geringerem Alkoholanteil vollen Geschmack bieten, wurde ebenfalls rechtzeitig erkannt, seit 1997 gibt es Zipfer Medium mit einem um 44 Prozent reduzierten Alkoholgehalt. Unglaublich praktisch und wieder einmal von Zipfer: die Komfortkiste, eingeführt anno 2006. Vor einem Jahr wurde der Biermarkt um eine frisch-fruchtige Spezialität bereichert. 1 Jahr später ist – laut einer Nielsen Studie – Zipfer Lemon mit über 16 Prozent Marktanteil die umsatzstärkste Sorte unter den Biermischgetränken. Etwa 4 Millionen Flaschen wurden bisher verkauft.

Die Brauerei Zipf brauchte gerade einmal 150 Jahre, um vom regionalen Geheimtipp zur internationalen Biermarke aufzusteigen. Im Jahr 1858 kaufte der Wiener Bankier Franz Schaup die Hoffmann'sche Realität mit Torfbadkonzession. Eine Mühle war auch dabei und ein kleines Brauhaus mit einer Jahresproduktion von 1542 Hektolitern. 5 Jahre später hatte sich der Ausstoß verzehnfacht. Die Landbrauerei machte auch mit Technik von sich reden: künstliche Kühlung, eine elektrische Industriebahn … 1923 wurde die Brauerei Wörgl in das Unternehmen integriert. Dessen Entwicklung war in den dreißiger und vierziger Jahren durch die Situation stark beeinträchtig, es kam sogar zum Stillstand des Braubetriebes. Die schweren Kriegsschäden wurden unter der Leitung von Dr. Fritz Kretz, dem Urenkels des Gründers, behoben. 1958 konnte das hundertjährige Jubiläum in einer modernisierten

Anlage gefeiert werden. 1971, ein Jahr nach der Fusion mit der damaligen Brau AG, wurde mit dem Jahresausstoß die Marke von 500.000 Hektolitern erstmals überschritten. 1988 erreichte der Ausstoß bereits 800.000 Hektoliter, mehr als die Hälfte davon: Zipfer Urtyp. 1991 wurde die neue Flaschenabfüllanlage in Betrieb genommen, die noch bis zum Herbst dieses Jahres gute Dienste leisten wird, 2001 wurde das Sudhaus erneuert, 2007 ein automatisierter Filtertankkeller in Betrieb genommen.

## GEBAUTE HELLE FREUDE

Nach nur 7 Monaten Bauzeit wurde mit den Jubiläumsfeierlichkeiten am 18. April 2008 das neue Brauhaus am Standort in Zipf eröffnet. Die tageslichtdurchflutete „Helle Freude in Glas" bietet auf 600 Quadratmetern 180 Gästen Platz. Davor ein schöner Biergarten. „Frischer kann man sein Zipfer nicht trinken", freut sich Pächter Markus Wimmer. Auch der Generaldirektor der Brau Union Österreich, Markus Liebl, dem die Marke Zipfer besonders am Herzen liegt, zeigte sich vom „gelungenen Spagat aus zeitgemäßer Architektur und gediegenem Ambiente" begeistert.

## ERHELLENDE FAKTEN

- *Ausstoß 894.000 Hektolitern, inklusive 72.000 Hektoliter Edelweiss-Flaschenabfüllung für die Schwesterbrauerei Hofbräu Kaltenhausen, damit die größte Brauerei Oberösterreichs*
- *Hopfen aus Österreich, Bayern und Tschechien (größter Abnehmer von Mühlviertler Hopfen)*
- *11 Sude á 450 Hektoliter täglich*
- *Gär- und Lagerkeller mit 100.000 Hektoliter Lagerkapazität*
- *Abfüllung: Flaschen (70.000 pro Stunde), Fässer (500 KEGs pro Stunde), 5-Liter Dosen (250 pro Stunde)*
- *Export in 26 Länder, die wichtigsten Märkte sind Italien und Russland.*

# Niederösterreich

Einen – auch aus Sicht der heimischen und internationalen Biergeschichte – besonders wichtigen niederösterreichischen Betrieb haben wir aufgrund seiner engen Verbindung zur Bundeshauptstadt Wien dort besprochen: die Schwechater Brauerei, aus der auch der heutige Marktführer, die Brau Union, hervorgegangen ist.

NIEDERÖSTERREICH IST EIN, ZUMAL FÜR ÖSTERREICHISCHE VERHÄLTNISSE, WEITES LAND.

Aus seinem Norden kommen einige der spannendsten und besten Beispiele gegenwärtiger Bierkultur. Das rührt auch daher, dass Bier ein standortbezogenes Naturprodukt ist. Es zahlt sich nämlich nicht aus, den mengenmäßig mit Abstand wichtigsten und auch für die Produktqualität bedeutenden Rohstoff Wasser zu transportieren.

FOLGLICH FINDET MAN GUTES BIER VOR ALLEM DORT, WO AUSGEZEICHNETES WASSER IN GROSSEN MENGEN VORHANDEN IST.

Immer wenn wir vom Wasser reden, meinen wir vorkommende Wässer. Wie im Kapitel Wasser (ab Seite 184) genauer ausgeführt, ist für das Brauen weiches Wasser vorteilhaft. Besonders weiches Wasser finden wir zum Beispiel dort, wo Granitformationen vorherrschen. In Niederösterreich ist das Waldviertel dafür berühmt. Kein Wunder, dass sich gerade dort Brauereien angesiedelt und bis heute gehalten haben.

## Weitra ›› die älteste Braustadt Österreichs

KENNEN SIE DIE STADT WEITRA?

Viele Menschen werden diese Frage verneinen, die Kenntnis anderer beschränkt sich aufs „vom Hörensagen". Für das Bierbrauen ist sie jedoch eine der Hauptstädte unseres Landes, zumindest aus historischer Sicht. Denn Weitra kann sich rühmen, die „älteste Braustadt" Österreichs zu sein. Dieser Interpretation kann man folgen, wenn man präzisiert, dass der Habsburgerkönig Friedrich der Schöne Weitra mit dem Privileg von 1321 nicht nur das Stadtrecht, sondern auch ein städtisches Brau- und Bier-Absatzmonopol zusprach.

Eine Meile war damals nach der österreichischen Lesart mit 7.323 Metern bemessen. Das Weitraer Braumonopol schloss ein, dass innerhalb des Umkreises im Ausmaß einer solchen Meile kein anderes Brau- oder Wirtshaus errichtet werden durfte. Auf diese Weise wurde aus der Granitstadt die Boomtown in Sachen Gerstensaft. Das ging so weit, dass sogar die Wiener Brauer für lange Zeit ihre Prüfungen in Weitra ablegen mussten. Die Zunft der Weitraer Brauer war damals eben eine der stärksten. Damals haben in der kleinen Stadt neben dem Herrschaftlichen und dem Städtischen noch 33 bürgerliche Brauhäuser Bier hergestellt.

Natürlich kann man die Verhältnisse des 15. Jahrhunderts in keiner Weise mit den heutigen vergleichen. Das beginnt bei den hygienischen Voraussetzungen, setzt sich beim Wirtschaftsleben fort und endet bei der Bierqualität. Auch die große Anzahl der Brauhäuser wird erst verständlich, wenn man weiß, dass die „Biergerechtigkeit" oder auch „Schankgerechtigkeit" – so hieß das an ein Haus gebundene Recht, Bier zu brauen und zu verkaufen – fast allen Bürgerhäusern zustand. Die einzelnen Haushalte waren, im Gegensatz zu heute, seinerzeit darauf bedacht, weitgehend autark zu wirtschaften.

Weitra ist eine Fundgrube für alle Bierhistoriker, ob sie nun ihre Wissenschaft ausschließlich zum Vergnügen betreiben oder professionell agieren. ››

›› Man kann dort auf einem „Bierpfad" wandelnd den Braustätten nachspüren und zu guter Vorletzt das Museum im Schloss besuchen, das gerade im Hinblick auf Biergeschichte brauchbare Exponate anbietet. Zur besten Letzt schaut man in der Bierwerkstatt vorbei. Lange Zeit war das Weitra Bräu im Besitz der Familie Pöpperl. Christan Pöpperl, einer der Nachfahren dieser Brauerdynastie, betreut heute als Braumeister die Kreativbiere der Stiegl Brauwelt.

Nach wie vor entstehen einige gute Biere in Weitra: das Helle, ein „Märzen für die Region", und das außergewöhnliche Hadmar Biobier. Die „Vision" entstand zuletzt im Jahr 2007. Das so benannte Biobier wurde speziell für das Festival am Renaissanceschloss in der Kuenringerstadt eingebraut. Heute gehört die Brauerei als „Brauwerkstatt Weitra Bräu" zum Unternehmensverbund der Zwettler Brauerei. Somit ist die Marke erhalten geblieben. Hinzu kommt die Gewissheit, mit dabei zu sein, in einem dynamischen und erfolgreichen Unternehmen.

*Zwettler*
Brauerei

## 300 Jahre Zwettler Bier

### 2008 WURDE GROSS GEFEIERT.

Blitzblank die Brauerei, riesige Festzelte, Live-Übertragungen in Rundfunk und Fernsehen, zweckentfremdete Auslieferungs-Lagerhallen, Musikkapellen und eine Riesenstimmung. Bierzeltatmo vom Feinsten und tausende Besucher. Neben den beliebtesten Bieren aus dem ganzjährigen Sortiment der Zwettler Brauerei gab es ein bernsteinfarbenes Festbier und einige Köstlichkeiten aus den Sortimenten der Partnerbetriebe der „Freien Brauer" – das ist eine die Staats- und Ländergrenzen übergreifende Vereinigung von Unternehmen aus ganz Deutschland und Österreich.

Die Organisation versammelt Brauereien, die herausragende Bierspezialitäten produzieren und wirtschaftlich bestens aufgestellt sind. Aus deutschen Landen mit dabei ist etwa die Kehlheimer Brauerei Schneider. Ihre Biere sind als Schneider Weisse weltbekannt. Am anderen Ende der Diagonale durch Deutschland findet sich die Flensburger Brauerei aus dem Friesenland („Flaschbier"), deren Produkte in unseren Blindverkostungen regelmäßig zu den Besten gehören. Mit dabei auch Moritz Fiege, die Brauerei „tief im Westen", im Zentrum von Bochum. Dort braut Marc Ziegler ein herbes Pils und ein weiches, feinfruchtiges Weißbier. Nur 3 österreichische Brauereien wurden in die Freien Brauer aufgenommen. Kreative Betriebe, die ganz viel in ihre Produktqualität investieren und am Markt große Rollen spielen: Hirter, Stiegl und Zwettler.

Die Privatbrauerei Zwettl zählt zu den Leitbetrieben des Waldviertels. Sie beschäftigt 90 Mitarbeiter und leistet auch mittels Bierkultur einen enormen Beitrag, „Strukturen zu stärken". Dabei ist das Waldviertel Struktur an und für sich: Böhmisches Massiv, harter Granit, ideal für weiches Wasser.

Ende des 17. Jahrhunderts erwarb Paul Graf die Brauerei vom Gut Schickenhof und baute sie 1708 in der Stiegenbrauerei zum vollständigen Brauhaus aus. Als „Preyer auf den Stüegen" bemühte er sich um eine eigene Quellwasserleitung zum Brauhaus. Im Jahre 1710 wurde sie bewilligt. Das war ohne Zweifel der erste Meilenstein am Erfolgsweg der Zwettler Brauerei. Manchmal, wenn es um gutes Bier geht, haben auch Bayern ihre Hände im Spiel: 1890 wurde die Stiegenbrauerei an den bayrischen Brauer Carl Schwarz verkauft. Der neue Eigentümer setzte voll auf Innovation: Bereits 1897 wurde elektrifiziert, 1918 ging die Kühlmaschine von Carl von Linde in Betrieb.

Mag. Karl Schwarz ist ein echter Waldviertler. In der fünften Generation kann man das ohne weiteres behaupten. Seit 1996 sorgt der Ururenkel des Carl mit großem Engagement für unser Wohl und das seiner Brauerei. Er glaubt fest daran, dass es sich auszahlt, nicht mit dem Strom zu schwimmen. Waldviertlern sagt man nach, „robust" zu sein, was sich auch durchaus auf die Härte eines Schädels beziehen kann. Betrachtet man das Ergebnis dieser „Ecken und Kanten", dann muss man den Hut ziehen oder, noch besser, mit einem Zwettler Bier auf das Wohl des Bräu anstoßen.

## Waldviertler Hopfen Zwettler Perle

DER DEUTLICH SPÜRBARE TREND ZUR REGIONALITÄT KOMMT DEN ZWETTLERN ENTGEGEN – DER TÜCHTIGE GENIESST AUCH SEIN GLÜCK.

Waldviertler Genüsse sind heute in vieler Munde. Schon vor Jahrzehnten setzte der Vater des heutigen Bräu, Karl Schwarz senior, auf Regionalität und förderte den Wiederanbau von Hopfen. Ein Visionär – als ob er damals schon geahnt hätte, welche Preisentwicklung das „Grüne Gold" in unseren Tagen nehmen würde. Der Hopfenanbau hatte im Waldviertel zwar Tradition gehabt, war jedoch wegen Unrentabilität zum Erliegen gekommen. Dank des Engagements von Karl Schwarz senior wurde der Hopfen Ende der 1970er Jahre wieder kultiviert. Bereits 1981 lag mit dem Mittelgebirgshopfen Zwettler Perle erstmals das regionale Biergewürz vor. So wie es sich für Juwelen gehört: Sie werden von Generation zu Generation weiter gegeben. Also prägt die Zwettler Perle auch heute noch wesentlich das Geschmacksbild der Zwettler Biere.

## Schremser Bier ›› ausgesuchte Spezialitäten

GERADE EINMAL 25 KILOMETER VON ZWETTL GEN NORDEN UND SOMIT NOCH EIN STÜCK TIEFER IM WALDVIERTEL LIEGT SCHREMS, DIE STADT AM HOCHMOOR, AN DER EUROPÄISCHEN WASSERSCHEIDE UND – AN DER SCHREMSER BRAUEREI.

Dort ist der Bräu zugleich der Brau. Karl Theodor ist Inhaber der Brauerei in der fünften Generation der Familie Trojan und Absolvent der BOKU, der Universität für Bodenkultur in Wien. Er stellt sich auch kniffligen Aufgaben, etwa der Erzeugung von Roggenbier. Das Schremser Roggen ist eines der herausragenden Biere Österreichs, wir stellen es auf Seite 25 näher vor. Auch das Schremser Naturpark Bio ist außergewöhnlich gut und der Schremser Weihnachtsbock hat eine unserer Blindverkostungen gewonnen. ››

›› Die älteste heute verfügbare Urkunde, in welcher die Schremser Brauerei erwähnt wird, stammt aus dem Jahr 1410. 1838 hat Jakob Trojan die Brauerei erworben.

K. Th. Trojan verwendet seit 1995 ausschließlich Braugerste der Erzeugergemeinschaft „Ökoregion Waldviertel". Die Bauern, welche das Waldviertler Landkorn erzeugen, verpflichten sich zu einer umweltschonenden Produktion. Das kalkfreie Wasser aus dem Urgestein gibt dem Bier weitere Qualitäten. Gegen einen kleinen Beitrag kann die Brauerei, die so auffallend gute Biere herstellt, an jedem Tag der Woche in einer eineinhalbstündigen Tour besichtigt werden.

## Hainfelder Bier ›› Kraftwerk für die Seele

EIN HALBES JAHRHUNDERT NACH IHRER GRÜNDUNG ANNO 1757 KAUFTE DER WEYRER CHIRURGENSPROSS KAROLUS JOHANNES RIEDMÜLLER DIE HAINFELDER BRAUEREI SAMT MÜHLE, SÄGE UND LANDWIRTSCHAFT.

Die Familie betrieb bald mehrere Brauereien an den Standorten Hainfeld, Waidhofen an der Ybbs und Wieselburg. 1945 wurde die Brauerei zerstört, 1951, auch technisch, neu aufgebaut. In der sechsten Generation der Brauerfamilie leitet nun Diplombraumeister Peter Riedmüller das Unternehmen.

### REGENERATIVE ENERGIE – EIN BEISPIELLOSES PROJEKT

Der sorgfältige Umgang mit Energie hat große Tradition in der Hainfelder Brauerei. Dort wurde bereits 1913 eine Kühlmaschine eingebaut. Um sie zu betreiben, nutze man das am Ramsauerbach gelegene eigene Kleinkraftwerk. Auch heute sind die Hainfelder Brauer Vorreiter im Umgang mit Energie. Kürzlich erfolgte der Bau eines Biomasse-Dampfkessels mit 700 Kilowatt Leistung. Dank dieser Technik wird nicht nur der Bedarf der Brauerei mit regenerativer Energie gedeckt. Es wird sogar noch mehr Energie erzeugt und damit eine 80 Einheiten große Wohnhausanlage, ein Pensionistenheim und das städtische Freibad beheizt. Darüber hinaus wurden 2 Kleinwasserkraftwerke revitalisiert und mit aktueller Technik ausgestattet. Die Kombination von Strom aus Wasserkraft und thermischer Energie aus Biomasse ist einzigartig in Österreich. Die Zahlen sind mehr als eindrucksvoll: Die Umwelt wird um 650.000 Kilogramm Kohlendioxid pro Jahr weniger belastet. Das Biomasse-Kleinwasserkraft-Projekt ersetzt den Verbrauch von 200.000 Liter Heizöl und 16.000 Kubikmeter Gas. Jährlich!

Die schönste Form der Energie liegt flüssig vor – im Bier. Diplombraumeister Karl Riedmüller, der Sohn von Peter Riedmüller, hat sein Handwerk in Weihenstephan gelernt. In Hainfeld braut er 5 Sorten. Das Hainfelder Edel Pils hat mehrfach Biertests gewonnen. Das Hainfelder Lagerbier ist mit 12,2 Grad Stammwürze besonders vollmundig und bewusst leicht gehopft. Daneben bietet Hainfelder 2 Spezialbiere an, ein helles und ein dunkles, beide mit jeweils 13,5 Grad Stammwürze. In den Monaten November und Dezember gibt es ein weihnachtliches Festbier, der Zitronenradler ist das ganze Jahr über erhältlich.

## Wieselburger Bier

WIESELBURGER BIER GALT IN MEINER JUGEND ALS DAS BIER DER KENNER.
Ich selbst habe es in meiner Kindheit frühzeitig wahrgenommen, weil an einem Eck des Wieselburger Brauhauses ein (für damalige Verhältnisse) überdimensioniertes Display, das ein – noch dazu beleuchtetes – Bierglas darstellte, angebracht war. Wieselburger Bier lenkte das Interesse also auf Bier, lange bevor ich den ersten Schluck Bier getrunken hatte.

Seit 1568 ist in Wieselburg ein herrschaftliches Brauhaus des Grafen Niklas von Auersperg nachgewiesen. Im 19. Jahrhundert wechselte die Brauerei mehrfach ihre Eigentümer, bis im Jahr 1875 die damalige Inhaberin Juliane Riedmüller – diesen Namen haben wir kurz zuvor bei Hainfelder Bier kennen gelernt – Caspar Bartenstein, einen Braufführer aus Waidhofen ehelichte. In 25 Jahren stieg der Ausstoß der Wieselburger Brauerei auf das 24fache.

Bartenstein leitete das Unternehmen bis zu seinem Tode im Jahr 1912. Seine letzten 8 Lebensjahre als Präsident der Aktiengesellschaft, die 1904 gegründet wurde. Auch seine Nachfolger tragen in (Bier-)Österreich berühmte Namen: Carl Beuerle stand der Wieselburger AG bis 1919 vor, Ferdinand Falkensammer bis 1925. Zu Beginn des 20. Jahrhunderts entwickelte sich die Wieselburger Brauerei-Aktiengesellschaft vor allem durch gezielte Akquisitionen. Man erwarb Brauereien in Melk, Krems, Steyr, Enns, Amstetten, Kröllendorf, Pottenbrunn, Gresten, Rosendorf am Sonntagberg und Waidhofen an der Ybbs. Zwischen 1903 und 1913 stieg der Wieselburger Bierausstoß von 69.000 auf 112.500 Hektoliter.

Heute, im Verbund der Brau Union, werden 3 am Markt nach wie vor höchst erfolgreiche Biere der Traditionsmarke gebraut. Neben dem Vollbier Wieselburger Gold wird ein sehr kräftiges Spezial mit einer Stammwürze von 13,1 Grad Plato und das beim Publikum besonders beliebte Stammbräu – erhältlich in der charakteristischen Bügelflasche – hergestellt.

## Hubertus ›› das Bier aus dem Weinviertel

DIE GESCHICHTE DER BRAUEREI BEGINNT IM MITTELALTER.
1454 verlieh Ladislaus Posthumus, der Herzog von Österreich das Braurecht an die Stadt Laa an der Thaya. Das herzogliche Vertrauen in die Braukunst der Laaer war ein vorauseilendes. Denn an die Verleihung wurde eine Bedingung geknüpft: 1 Fass Bier an den Herzogshof zu allen heiligen Zeiten. Fast 400 Jahre lang wurde das Braurecht immer wieder neu verpachtet, bis es schließlich 1847 mitsamt der Brauerei von Karl Kühtreiber käuflich erworben wurde. Dieses Datum gilt somit als Gründungsjahr für das heutige Hubertus Bräu. Auch in Laa ist die sechste Brauergeneration am Werk. Braumeister ist Hermann Kühtreiber, er legt besonderen Wert auf eine gelungene Kombination aus hochaktueller technischer Ausstattung und traditionsreichen Brauweisen. So lehnt er zum Beispiel Schnellverfahren ab und lässt seine Biere lieber über eine kalt geführte Hauptgärung und ausreichend lange Lagerzeit in Ruhe reifen. ››

›› Wenn eine Familie so lange für ein Unternehmen Verantwortung trägt, dann entwickelt sie ihre eigenen Maßstäbe. Dazu gehört auch ständige Forschung und Entwicklung, Integrität und verantwortungsvolles Handeln. Der Hubertus Award ist in diesem Sinn ein Zeichen. Mit ihm werden herausragende Umweltideen und Umweltprojekte ausgezeichnet, die danach streben, Naturressourcen nachhaltig zu schützen.

Das Hubertus Bräu stellt zurzeit 9 Biere her. Das kräftige Herrenpils hat bereits mehrfach bei unseren Blindverkostungen sehr gut abgeschnitten. Seine analytischen Werte, Stammwürze 13,2 Grad Plato, Alkoholgehalt 5,7% Vol. liegen deutlich über der Untergrenze für ein Spezialbier. Daneben gibt es auch 2 Pils-Sorten im Vollbierbereich. Das Easy-Pils mit 11,4 Grad Stammwürze und 4,6% Vol. Alkohol und das Pils mit 12,5 Grad Stammwürze und 5,4% Vol. Alkohol. Das Hubertus Dunkel ist ganz nach altösterreichischer Tradition niedrig vergoren. 12,4 Grad Stammwürze erbringen ein mit 3,9% Vol. Alkohol recht leichtes Bier. Natürlich gibt es ein Märzen, dazu ein leichtes Landbier namens Gerstengold, einen Radler und einen Festbock.

Die jüngste Produktinnovation aus dem Hause Hubertus ist ein Rückgriff auf alte Zeiten. Es heißt Lager Classic und weist auch klassische Werte auf: 12,1 Grad Stammwürze, 5,2% Vol. Alkohol. Das rote Etikett erinnert an das Hubertus Lager aus den 1980er Jahren, das damals vom grünen Hubertus Märzen abgelöst wurde. Die Biernostalgiker haben sich durchgesetzt und ein rotes Hubertus bekommen. Das so gut schmeckt wie „damals", allerdings mit der heutigen Technik wohl noch um eine Spur feiner eingebraut wird.

## Piestinger ›› weiß lacht der Schneeberg um die Ecke

### ÜBER DAS WIRTSCHAFTEN DER PIESTINGER BRAUEREI GEGEN ENDE DES ZWEITEN JAHRTAUSENDS GIBT ES EINIGE GESCHICHTEN.

Tatsache ist, dass sie letztlich verkauft werden musste. Die Villacher haben schließlich zugeschlagen. Die Vereinigten Kärntner Brauer erhalten wenigstens die Marke. Und das auf eine schöne Art. Unter Piestinger erscheint nämlich nicht nur irgendein Standardbier, das anderswo gebraut wird und auf lokale Verbundenheit abzielt, sondern eine Palette von 7 Bierspezialitäten. Besonders eigenständig ist das weiche, angenehme Schneeberglandbier, das ausschließlich für die Gastronomie gebraut wird. Die Brauer nennen es Märzen, aber mit seiner schönen Bernsteinfarbe und seinem zart-malzigen Aroma bildet es fast eine eigene Kategorie. Daneben gibt es eine weitere, recht seltene Art, nämlich ein dunkles Spezial namens Piestinger Petz, ein Gambrinus, das wohl den Pilsbieren zuzuordnen ist, ein Zwickel, einen Radler und einen bernsteinfarbigen Bock, der auch zu Ostern umherspringen darf.

# Emmerberg ››
# Ökopils aus der Kleinstbrauerei

IN NIEDERÖSTERREICH FINDEN WIR EINE BRAUSTÄTTE, DIE AUS DER VIELZAHL DER GASTHAUS- UND KLEINBRAUEREIEN HERAUSRAGT – DURCH IHRE GANZ BESONDERE EIGENART.

Die Rede ist von der ersten Ökobrauerei Emmerberg, in Winzendorf, nahe Wiener Neustadt. Sie wird wohl am besten anhand jener Eindrücke beschrieben, die von meinem Besuch gemeinsam mit Peter P. Berger an einem kalten, dämmrigen Nachmittag herrühren.

Walter Sparber hatte uns schon erwartet, denn wir waren angekündigt. Nachdem wir die Hauseinfahrt passiert hatten, standen wir vor einem heiter dahinlaufenden Bächlein, das frisch gurgelnd mitten durch das kleine Grundstück plätscherte. Der Brau führte uns über die Brücke zu seinem Sudwerk, davor hatte er auf einem alten Fass bereits Proben platziert. Alles im Freien, bei vielleicht 3 Grad Celsius. Das blaue Dämmerlicht gab der Szene zusätzliche Kühle und doch auch etwas Heimeliges. Der Bräu gestand uns lachend ein, den ganzen Tag schon vom werdenden Bier gekostet zu haben, und pries mit glühendem Blick sein Ökobräu.

Wir hatten Sparber gerade beim Auswaschen leerer Gefäße aufgestört und den Eindruck gewonnen, dass ihm die Unterbrechung hochwillkommen war. So standen wir also, am fließenden Bach in der Kälte in der Dämmerung, beleuchtet von einer Arbeitslampe. Wir hatten Proben frischen Bieres in der Hand und plauderten über alte Zeiten

*Das Öko-Pils mundete hervorragend*
*Fazit: Fahren Sie hin, schauen Sie sich das an und nehmen Sie ein paar Flaschen Ökobier mit. Es zahlt sich aus zu erleben, dass gutes Bier auch aus einer „solchen" Anlage kommen kann.*

Vorarlberg

# Mohrenbräu ››
# die älteste Brauerei im Ländle

**DIE HEUTIGE QUELLENLAGE ERLAUBT KEINE KLARE DATIERUNG BEZÜGLICH DES ERSTEN GEBRAUTEN BIERS „AUF DEM MOHREN“, EINIGE HINWEISE LASSEN ABER AUF EIN DATUM VOR 1742 SCHLIESSEN.**

Fest steht, dass Josef Mohr – der Namensgeber der Brauerei – 1784 ein Wirtshaus am Dornbirner Marktplatz übernommen hat, das er in „Gasthaus zum Mohren“ umbenannte. Nach wechselvollen Jahren übernahm 1834 der Dornbirner Schlosser Franz Anton Huber „das Mohrenanwesen samt Gasthaus, Brauerei, Stall, Stadel, Biergarten und anstoßender Bündt im Gesamtausmaß von 6 Viertel Boden“. Bis heute – in der sechsten Generation – steuert die Familie Huber die Mohrenbrauerei. Damals dürfte der Jahresausstoß etwa 300 Hektoliter betragen haben. Das Bier wurde in einer 480 Liter fassenden Sudpfanne gebraut, und zwar ausschließlich im Winter. Die Biere für den Sommer wurden kräftiger eingebraut und ebenso gehopft.

Karl Ferdinand Huber führt die Brauerei in zweiter Generation umsichtig, stirbt aber im Alter von 40 Jahren und hinterlässt 3 minderjährige Söhne, die Brauerei und seine Frau Anna: Sie hält dem Druck stand und wird zur erfolgreichen Bräuin; 1869 baut Anna Huber den Gasthof neu: Der „Mohren“ wird zur größten Gaststätte Dornbirns und zum Mittelpunkt der Gesellschaft. Und auch an die erfolgreiche Weiterführung denkt die Unternehmerin frühzeitig: 1872 nimmt sie ihren erst 20-jährigen Sohn August in die Geschäftsleitung. Bis 1880 wurden ein Eisweiher und ein Eislager und ein neuer Lagerkeller mit 1.000 Hektoliter Volumen errichtet, das Sudhaus modernisiert. Der Jahresausstoß betrug 4.000 Hektoliter, bis in das Jahr 1890 sollte er auf fast 20.000 Hektoliter ansteigen. Mit ihren technischen Neuerungen gehörte die Mohrenbrauerei immer wieder zu den Industriepionieren Vorarlbergs: 1880 Berieselungskühler, 1884 Dampfkessel, 1888 eine der ersten Dampfmaschinen des Landes samt daran gekoppelter Kältemaschine. Das Schlossbräu, als Konkurrenz zur Mohrenbrauerei im Dornbirner Oberdorf gegründet, sperrt nach 5 Jahren wieder zu.

## BERTA HUBER FÜHRT DIE BRAUEREI DURCH TURBULENTE ZEITEN

Auch August Huber stirbt jung und unerwartet im 43. Lebensjahr – damit tritt wieder eine Frau ins Rampenlicht der Geschäftshistorie. Seine Frau Berta muss sich nun nicht nur um ihre 5 unmündigen Kinder kümmern, sondern auch um eines der größten Unternehmen Vorarlbergs. 1920 tritt Oswald Huber die Geschäftsführung an. Tirol war „erobert“ und trotz turbulenter Zeiten wird 1928 am Ort der heutigen Brauerei ein neues Sudhaus gebaut. Im Zweiten Weltkrieg muss der Braubetrieb eingestellt werden, erst 1951 geht es wieder aufwärts. Unter Geschäftsführer Ing. Guntram Huber werden Holzfässer von Alu-Fässern, Alu-Fässer von Alu-KEGs abgelöst – um letztlich Chromstahlfässern Platz zu machen. 1969 wird die Euroflasche eingeführt, die Holzkisten durch Kunststoffkisten ersetzt. Das Sudhaus wird 1975 von Kupfer auf Edelstahl umgerüstet. ››

» 1984, zum 150-jährigen Jubiläum, präsentiert die Mohrenbrauerei den patentierten Mohren-Fasswechsler, der in der Gastronomie für erhebliche Erleichterungen sorgt. 1998 übernimmt Heinz Huber die Geschäftsleitung zur Gänze und präsentiert seine Sammlung im ersten Vorarlberger Braumuseum im neu eröffneten Mohren-Keller. 1997 schafft Mohren als erste österreichische Brauerei einen 6-Achs-Roboter zum vollautomatischen Palettieren von Fässern an, und im Jahr 2000 wird die PET-Technologie eingeführt: praktisch und vor allem sicher auf Großveranstaltungen.

War 1902 vielleicht der kälteste Sommer, im Jahr 2003 hatten wir mit Sicherheit den heißesten seit 500 Jahren. Rekordumsätze für Österreichs Brauereien – mit 160.000 Hektolitern auch bei der Mohrenbräu. Ralf Freitag braut neben anderen Spezialitäten ein herausragendes und kräftiges Kellerbier und einen gar köstlichen Bock.

## Frastanzer »<br>kein Sommer wie damals

### IN EINER AKTUELLEN STUDIE WURDE DER SOMMER 1902 ALS EINER DER KÄLTESTEN SEIT 1500 BEZEICHNET.

Dass man gerade damals, nämlich am 22. Juli, daran dachte, eine Brauerei zu gründen, zeugt davon, dass das Prinzip Hoffnung schon lange die Geschicke der Bierbranche mitbestimmt. Der erste Sud der Frastanzer Brauerei wurde dann auch „erst" im Mai 1903 eingebraut, Auszeichnungen in Wien und Paris folgten bereits 4 Jahre später. Auch wenn man den Brauern, manchmal zu Recht, eine gewisse Beharrlichkeit vorhält, in technischer Hinsicht sind sie immer wieder fortschrittlich. 1909 schafften die Frastanzer einen der ersten automobilen Lastkraftwagen, einen Sauer, an. Bis nach dem Zweiten Weltkrieg arbeiteten, auch wegen Treibstoffmangels, Pferdestärken und -Fuhrwerke in der Brauerei. Die Not diktierte in der Mitte des vorigen Jahrhunderts, was heute undenkbar wäre: Reis, Mais und Zuckerrüben mussten zeitweise die Zuckerbasis für viele Würzen abgeben. Aber seit dem Ende der 1940er haben es die Hefen auch in Frastanz wieder gut – sie bekommen ausschließlich gutes Braugetreide zu verdauen.

### DAS KULTBIER AUCH IN DER SCHWEIZ

Mittlerweile ist die registrierte Genossenschaft mit beschränkter Haftung ein modernes Unternehmen geworden, das Frastanzer Jubiläums Kellerbier ist Kult in ganz Vorarlberg und darüber hinaus auch in Tirol und in der Schweiz. Daneben gibt es noch weitere Biere aus Frastanz: Ein „Rübezahl" mit 12,6 Grad Stammwürze und 5,1% Vol. Dieselben Werte zieren 2 weitere Biere: ein „Reisebier", das auch wegen seiner handlichen 0,33-Liter-Flasche laut Brauerei „bei Busfahrten besonders beliebt ist", und ein Kronenpils. Der Bock hat 16,9 Grad Stammwürze und 7,1% Vol. Alkohol.

## Fohrenburger »<br>am Anfang die Quelle

### WASSER IST MIT DER WICHTIGSTE PARAMETER FÜR EINE STANDORTENTSCHEIDUNG IM BRAUWESEN.

So begann auch die Geschichte dieser Brauerei mit dem Erwerb einer Quelle. Bei der

Hinterplärsch handelte es sich sogar um eine Heilquelle samt Gast- und Badebetrieb Fohrenburg, die Ferdinand Gassner im Jahr 1880 erwarb. Im darauf folgenden Jahr gründete er gemeinsam mit 11 Mitgesellschaftern die Bierbrauerei Fohrenburg F. Gassner & Comp., die mit 21 Mitarbeitern ihren Betrieb aufnahm. Schon im ersten Rumpfjahr werden 8.000 Hektoliter Bier erzeugt, bereits anno 1884 Flaschen gefüllt.

### VOM OCHSENKARREN BIS ZUM BIERKUGEL-TANKWAGEN

Die ersten 7 Jahre waren die Bierwagen noch mit Ochsen bespannt, ab 1888 kamen Brauereipferde zum Zug. Kurz vor der Wende zum 20. Jahrhundert wurde die 50.000-Hektoliter-Marke erstmals überschritten. 1912 wurde eine Kühlanlage installiert, im Jahr darauf der erste Lastwagen angeschafft. 1934 trat das Bludenzer Textilunternehmen Getzner, Mutter & Cie. als größter Gesellschafter in die Brauerei ein. 1980 kam's zu einer österreichweiten Innovation: Fohrenburger führte als erste österreichische Brauerei Bierkugeln ein. Dabei handelte es sich um kugelförmige 1.000-Liter-Tanks, die im Keller von Gastronomiebetrieben aufgestellt und per Tankwagen mit Bier befüllt werden. 1984 wurden 13 zylinderkonische Tanks mit einem Fassungsvermögen von je 172.000 Liter Bier errichtet, 2001 wurde die Brauereikapazität verdoppelt. Zusätzlich wurde eine Fassfüllanlage errichtet. Kapazität: 120 Fässer pro Stunde. In den jüngsten Jahren wurden das Erscheinungsbild der Marke und vor allem das Design der 0,33- und der 0,5-Liter-Flaschen neu gestaltet.

## Egg ›› das Wälder Bier

**DIE KLEINSTE PRIVATBRAUEREI IN VORARLBERG STEHT IM BREGENZERWALD.**
Seit 1894 werden bei Egg Bierspezialitäten gebraut, heute zeichnet Hinrich Hommel als Braumeister verantwortlich. Egg ist vor allem regional stark und gleichsam das Wälder Bier schlechthin. Aber die Qualität der Biere hat sich bis in die ferne Bundeshauptstadt durchgesprochen, wo man gerne nach der „exotischen" Spezialität greift – sei es bei einer Blindverkostung.

### DEKOKTIONSVERFAHREN

Hommel braut alle Biere handwerklich mit Dekoktionsverfahren. Hierbei wird ein Teil der Maische abgezogen und gekocht. Dann wird flotiert, kalt vergoren, ohne Kurzzeiterhitzung gelagert. Erst im Anschluss wird pasteurisiert und sterilfiltriert. Das aufwändigere und traditionelle Verfahren wirkt sich durchaus positiv auf die Konsistenz und den Geschmack der Biere der Brauerei Egg aus.

Das Sortiment beginnt mit dem Egger Spezial, einem goldgelben, vollmundigen, würzigen Spezialbier mit 12,8 Grad Stammwürze und 5,5% Vol. Dieselben Werte hat auch das intensive und fein bittere Wälder Zwickl. Das Egger Edel Pils mit 11,4 Grad Stammwürze und 5,0% Vol. weist 28 Bittereinheiten auf. In mehreren Gaben wird zunächst Hopfen der Hallertauer Perle und zuletzt Tettnanger Aromahopfen verwendet. Die wunderbare Blume bestätigt die Auswahl der Hopfensorten. Der aromatische und bernsteinfarbene Wälder Bock mit 16,4 Grad Stammwürze und 7,0% Vol. wird nur für Weihnachten und Ostern eingebraut.

# Steiermark

Steirisches Bier hat in ganz Österreich einen guten Klang, nicht nur im „grünen Herz Österreichs". Daran hat die Steirerbrau einen wesentlichen Anteil. Bereits 1977 wurden wichtige steirische Brauereien zu einem Unternehmen zusammengeschlossen. Die Gösser AG war längst an der Brüder Reininghaus Brauerei AG beteiligt und Reininghaus war der größte Einzelaktionär der Gösser. Der Creditanstalt Bankverein hatte Anteile an beiden Gesellschaften. Die verschachtelten Formen der gegenseitigen Beteiligungen machte die Gründung einer gemeinsamen Tochterfirma notwendig: Die Steirerbrau AG war geboren. Reininghaus hielt 57 Prozent, Gösser 43 Prozent. Gösser war gegen Ende der 1970er Jahre die stärkste Biermarke Österreichs.

## Die Steirerbrau AG

UNTER DEM DACH DER STEIRERBRAU WAREN ZAHLREICHE BELIEBTE MARKEN UND BRAUEREIEN VERSAMMELT: GÖSSER, REININGHAUS, PUNTIGAMER; DAZU KAMEN MEHRHEITSBETEILIGUNGEN AN DER KLAGENFURTER SCHLEPPE BRAUEREI, AM INNSBRUCKER ADAMBRÄU UND AN DER GRIESKIRCHNER BRAUEREI.

An den in Villach angesiedelten Vereinigten Kärntner Brauereien hielt man 50 Prozent. Damit war die Steirerbrau der zweitgrößte Bieranbieter Österreichs. Ein scharfer Wettbewerb kam auf und führte zu einer angespannten Ertragssituation in beiden Konzernen. So übernahm die Brau AG Anfang der 1990er Jahre die bis dahin von der Creditanstalt gehaltenen Anteile an der Steirerbrau, was zu sehr lebendigen Auseinandersetzungen mit Minderheitsaktionären der steirischen Brauereien führte. Mitte 1993 konnte dieser Konflikt bereinigt werden. Die Firmen-Konstruktion sah folgendermaßen aus: Die BBAG hatte eine Bier-Division namens BRAU UNION, die Brau AG und die Steirerbrau waren deren hundertprozentige Töchter. Ab dem 28. Juli 1995 hieß der gesamte Konzern offiziell BBAG Österreichische Brau-Beteiligungs-Aktiengesellschaft. Unter dem Dach der BRAU UNION waren die Steirerbrau, die Brau AG, ungarische Beteiligungen in Sopron und Martfü und, ab 1994, auch eine Mehrheitsbeteiligung an der mährischen Starobrno (der Name bedeutet „Alt-Brünn") zusammengefasst. Neben Alkoholfrei-Marken wie Pago, DrinkVit oder Gasteiner führte die BBAG damals die folgenden heimischen Biermarken: Reininghaus, Gösser, Puntigamer (Steiermark); Zipfer, Grieskirchner (Oberösterreich); Schwechater, Steffl Export, Wieselburger, Kaiser Bier (Niederösterreich); Adambräu (Tirol); Edelweiss (Salzburg) und Schlossgold. Hinzu kam die Beteiligung an den Kärntner Biermarken Villacher und Schleppe. Bereits damals waren Zipfer und Gösser – zusammen mit Kaiser als Fassbiermarke – die wichtigsten Biermarken des Konzerns.

## Puntigamer ›› das Bier mit dem Panther

SCHON 1478 WURDEN DIE ERSTEN PUNTIGAMER BIERE IN EINER KLEINEN GASTHAUSBRAUEREI IM GRAZER STADTTEIL PUNTIGAM EINGEBRAUT.

Heute gehört der Betrieb zur Brau Union und zu den modernsten Braustätten in Österreich. Jährlich werden mehr als 1 Million Hektoliter Bier gebraut. Das „bierige" Bier ist nicht nur in der Steiermark besonders beliebt, sondern auch in Wien, Niederösterreich und im Burgenland.

Neben dem erfolgreichen Märzen wird auch ein Winterbier eingebraut. Das kraftvolle – Stammwürze 13,8 Grad und 6% Vol. – bernsteinfarbene Vollbier ist eine süffige Alternative zu Bockbieren. Es wird speziell für die kalte Jahreszeit und nach der Eisbiermethode gebraut, also durch Ausfrieren auf einen höheren Alkoholgehalt aufkonzentriert. Seine zarte Karamellnote versüßt so manchen Wintertag.

Das Puntigamer Panther besticht durch sattes Gold und ebenfalls ordentlich Kraft – 12,6 Grad Stammwürze und 5,2% Vol. ››

» Er besteht zum größten Teil aus 15.000 Jahre altem Thermalwasser von der Herrgottswiesquelle. Hopfung: 65% Extrakthopfen (Bitterhopfen) in der ersten Gabe; 35% Hopfenpellets (Aromahopfen aus Leutschach) in der zweiten Gabe. Die Anstelltemperatur beträgt 12 Grad Celsius. 14 Tage Gärung, 3 Wochen Reifezeit.

KOSTNOTIZ

Sattes Gold, dichter Schaum. Frisch und vornehm zurückhaltend, mit einem zarten Anklang von Eisen im Duft. Rezenter Antrunk, gute, bissfeste Konsistenz. Lebendige, nie „scharfe" Kohlensäure. Malzige und hopfige Noten begleiten den langen Nachtrunk. Der Panther setzt zum Sprung an: Er animiert zum nächsten Schluck.

## Gösser ›› Alpha und Omega des österreichischen Biers

GÖSSER IST DAS BEKANNTESTE BIER IM LANDE.

Ein Erfolg von gigantischem Ausmaß. Am Anfang und am Ende aller Anstrengungen rund um die grüne Marke aus der Grünen Mark steht die Liebe zum Produkt.

Die Obersteiermark ist reich an Wald und Wasser. In Göss wird das köstliche Nass seit rund 1000 Jahren zu Bier veredelt. Das Gösser Alpha hat mit Nonnen zu tun – in vielen Klöstern des Mittelalters wurde Bier gebraut, so auch in Leoben. Das dunkle Gösser Stiftsbräu erinnert an diese Keimzelle. Aus 1459 datiert die erste namentliche Nennung eines Gösser Braumeisters: Lennhart Newmaister. Zwischen 1782 und 1860 wurde vor Ort kein Bier gebraut, da Kaiser Josef II das Kloster aufgehoben hatte und die Brauerei erst 1860 durch den Industriellen Max Kober neu gegründet wurde. Schon er verstand sich aufs Werben und Exportieren. Bis nach Kleinasien und Ägypten wurde sein Gösser Bier verschifft. In der 17 Hektar großen Brauerei arbeiteten bis zu 700 Personen, im alten Kloster entstanden Mitarbeiterwohnungen. Bis 1962 wurden in Göss eine eigene Fassbinderei und eine Schmiede betrieben. Bei einem Besuch im Brauereimuseum von Göss kann man auch in die Geschichte des Handwerks eintauchen.

Heute läuft das Brauen vollautomatisch. Jeden Tag werden 10 Sude eingebraut. Eine einzige Person überwacht den Prozess, bei dem täglich 12 Tonnen Malz geschüttet werden. Der Gesamtausstoß des Jahres 2008 betrug 869.000 Hektoliter. 2 Drittel der dabei anfallenden Trebern werden verfeuert – die Anlage dazu wurde gemeinsam mit der Montanuniversität Leoben entwickelt. 1 Drittel geht als Dünger in die Landwirtschaft. Zu einem großen und erfolgreichen Betrieb gehören ehrgeizige Ziele. So plant man in Göss die erste Kohlendioxid-neutrale Brauerei Europas zu werden.

Heute sind in der Gösser Brauerei 180 Mitarbeiterinnen und Mitarbeiter beschäftigt, davon 70 alleine in der Produktion. Sie füllen 36.000 Flaschen oder 600 Fässer pro Stunde.

Neben der herausragenden Produktqualität gehört das gute Marketing zu den traditionellen Stärken der Brauerei. Also überrascht es uns auch nicht, dass die Marke mit dem umgangssprachlich verwendeten Begriff „Gössermuskel" in die Alltagssprache einzog. Mit diesem Wort wird ein mit Biergenuss gut trainierter Bauch bezeichnet, die Bayern nennen dasselbe Phänomen „Paulaner-Spoiler". Auch die Steigerung „Gut, besser, Gösser" wurde zum geflügelten Wort. Darauf sind die Werbeleute der Brau Union zu Recht stolz.

›› **Das Gösser Märzen** mit 11,8 Grad Stammwürze und 5,2% Vol. ist Österreichs beliebtestes Bier. Sein Anteil am Ausstoß der Brauerei beträgt etwa 80 Prozent. Es ist rund und eher malzig geprägt, mit zarten Hefe- und Hopfenanklängen. Die Malznote dominiert auch den Nachtrunk. Außer in der Steiermark das Schankbier von Gösser.

›› **Gösser Zwickl** mit 11,8 Grad Stammwürze und 5,2% Vol. ist ein unfiltriertes Bier mit zarter Trübung. Fruchtige Noten. Frisch, sehr mild und rund, Harmonie von anregender Herbe und milder Malzigkeit.

›› **Gösser Gold** mit 12,2 Grad Stammwürze und 5,5% Vol.: Die Farbe des Biers bestimmt den Namen. Es ist deutlich kräftiger gehopft und wirkt dadurch noch frischer. Elegant und vollmundig zugleich. Das Schankbier in der Steiermark.

›› **Gösser Spezial** mit 13,2 Grad Stammwürze und 5,7% Vol. ist noch kräftiger und würziger. Hopfennote im Antrunk, viel Körper, feine Gewürznoten. Harmonischer, zugleich langer Nachtrunk mit edlem Bitterl.

›› **Der Gösser Bock** mit 16,2 Grad Stammwürze und 7,1% Vol. wird nur für Weihnachten gebraut. Kräftige Malz- und Würzenoten. Der Bock schmeckt nach frischer Brotkruste, aber auch nach kandierten Früchten. Der Hopfen verleiht dem Nachtrunk eine gewisse Leichtigkeit.

›› **Das Gösser Stiftsbräu** mit 11,8 Grad Stammwürze und 4,2% Vol. leuchtet wie rötlicher Bernstein. Es duftet intensiv nach Kaffee, Kakao und Karamell. Im Antrunk ist es mild und rund. Röstaromen dominieren, im Nachtrunk zart hopfig.

## Reininghaus

DER ANFANG DIESES UNTERNEHMENS DER BRÜDER REININGHAUS MIT IHREM BRAUHAUS AM STEINFELD DATIERT AUS DEM JAHR 1853.

Die beiden Deutschen Johann Peter und Julius Reininghaus heirateten beide nach Österreich, beide in die Familie Mautner. Ihre Frauen waren Töchter von Adolf Ignaz Mautner. Der Schwiegervater, selbst ein bedeutender Brau-Unternehmer, half mit beim Kauf des Mauthauses am Steinfeld. Dort war das Königshofer Brauhaus untergebracht. Das Brüderpaar baute das Unternehmen zu einem wichtigen Industriebetrieb aus. Vor der Jahrhundertwende war Steinfeld die fünftgrößte Brauerei Österreichs. Nach dem Tod der Brüder Reininghaus wurde das Unternehmen in eine Aktiengesellschaft umgewandelt. Während des Zweiten Weltkriegs wurde es mit der Brauerei Puntigam fusioniert und die gesamte Produktion nach Puntigam, einem Stadtteil von Graz verlegt. Die von Bomben devastierte Braustätte Steinfeld musste aufgelassen werden.

## Eine Handbrauerei und ein „etwas anderes" Hof-Bräu

ANITA HERZOG GEHÖRT ZU DER IMMER NOCH SEHR SELTENEN SPEZIES DER BRAUMEISTERINNEN.

Sie betreibt in Steindorf ihr HofBräu. Ob sie diese Wortmarke auf ihren Hof bezieht oder gleichsam als „Herzogliches" Privileg betrachtet, konnte noch nicht abschließend geklärt werden. Fakt hingegen ist, dass sie 4 Biersorten herstellt, darunter auch ein Dinkelbier.

„Handbrauerei" nennt Gerhard Forstner seine kleine Brauanlage in Kalsdorf bei Graz. Der Biobauer wurde zum Bierbrauer – und damit auch zum Biobrauer. Er stellt einen wichtigen Teil seines Sortimentes bewusst aus Zutaten her, die aus kontrolliert-biologischem Anbau stammen. Die kleine Brauerei ist auf Nischenprodukte spezialisiert und gilt bei Bierfreunden als besonders wichtige Adresse. Lassen Sie sich von den etwas gewöhnungsbedürftigen Etiketten nicht abhalten, die Forstner-Biere zu kosten – es sind ausgesuchte Bierspezialitäten. Forstner betreibt nicht nur einen Riesenaufwand beim Brauen, sondern auch mit seinem Sortiment. Es wurde mittlerweile auf 16 interessante Biere erweitert, auch für die Slow-Food-Bewegung wurde ein eigenes Gebräu kreiert: die Reihe SLOW. Ganz ausgezeichnet ist auch seine Bio-Weiße, die selbst bei ausgewiesenen Weinliebhaberinnen sehr gut ankommt

## Murauer Bier ›› eine lange Erfolgsgeschichte

BIER HATTE AN DER MUR UND IN IHREN NEBENTÄLERN SCHON IM FRÜHEN MITTELALTER EINE GROSSE BEDEUTUNG.

Das Klima war und ist für den Weinanbau zu kalt. Eigentlich genügt es auch dem Hopfen nicht, dennoch muss das Kleinklima um Stadl an der Mur warm genug für die grüne Kletterpflanze gewesen sein. Sie wurde dort bis in das 17. Jahrhundert angebaut. Man findet auch Quellen zum Hopfenanbau im Katschtal, wo schon im 12. Jahrhundert Tavernen mit Schankgerechtigkeit standen. Ihrer Grundherrschaft, dem Bistum Freising, leisteten sie Steuern in Form von Hafer.

1492 ist ein bedeutendes Datum in der Geschichte. Neben anderen, nicht minder wichtigen historischen Ereignissen wurde in diesem Jahr ein Niederlagsgebäude am heutigen Raffaltplatz 19 in der Stadt Murau errichtet. Dieser Standort ist bis heute ohne Unterbrechung Braustätte geblieben und so betrachtet wohl die älteste der Steiermark. In der Stadt Murau gab es im 16. Jahrhundert mindestens 7 Braustätten, diese sind durch Zeugnisse belegt. Im 19. Jahrhundert gab es nur mehr 2: eine von Adeligen geförderte, am Rindermarkt, und die bürgerliche am Oberen Platz.

Diese Zeit war entscheidend dafür, dass es Murauer Bier heute noch gibt. Denn ein paar Tüchtige hatten auch Visionen. Sie machten aus der Handwerksbrauerei einen Industriebetrieb. 1823 bis 1856 stand die Brauerei im Besitz von Valentin Bauer, anno 1848 der erste frei gewählte Bürgermeister der Stadt. Er erwarb 1829 das alte Niederlagsgebäude und setzte so den Grundstein für die spätere Erweiterung.

1898 wurde der einzige in Murau verbliebene Mitbewerber, die Heinrich'sche Brauerei am Rindermarkt, gekauft und stillgelegt. Noch im selben Jahr wurde erstmals Murauer Flaschenbier erzeugt. 1910 wurde umgewidmet, und zwar in die erste Obermurtaler Brauereigenossenschaft. Diese Maßnahme sicherte Kapital und Absatzmärkte. Wesentlich für das Überleben in den folgenden harten Zeiten. Erst im Zweiten Weltkrieg drohte – mangels Arbeitskräften – der Stillstand. Aber auch der konnte abgewendet werden, dank des Einsatzes von Fürstlich Schwarzenberg'schem Personal. Seit der Nachkriegszeit ist ein kontinuierlicher Aufwärtstrend bei den Bieren aus dem Oberen Murtal zu verzeichnen. Auch nach dem Ende des Bierkartells konnten sich die Murauer behaupten. Erst in den jüngsten Jahren wurden Erscheinungsbild und Marktauftritt deutlich verfeinert und verbessert. Dahinter steckt auch der neue Geschäftsführer Josef Rieberer.

Günter Kecht, dem Braumeister verdanken wir ganz ausgezeichnete Biere. Allen voran ein Spezial mit Pilscharakter, das Murauer Hopfengold. Ein harmonisches, auch etwa in der Wiener Gastronomie gut gelistetes Märzen, ein vollmundiges Zwickel und ein Pils bilden die Vollbier-Range aus Murau. Das Murauer Doppelmalz gehört zu den süßeren dunklen Bieren. Seine Kraft kommt aus ganzen 13 Grad Stammwürze und trotz etwas geringerem Vergärungsgrad noch immer 5,4% Vol. Alkohol. Die Murauer Radlerfamilie hat 2 Mitglieder, einen Zitronenradler und einen alkoholfreien. Oben drauf gibt es einen Bierschnaps, der aus dem Restalkohol des Murauer Märzen gewonnen wird.

## Schladminger Bier ›› Bio-logische Spezialitäten

100 KILOMETER WEITER OSTWÄRTS WURDE EBENFALLS EINE BRAUEREIGENOSSENSCHAFT GEGRÜNDET. 1909, ein Jahr vor der Obermurtaler Genossenschaft, entstand die Erste Alpenländische Volksbrauerei. Wir kennen diese Brauerei heute unter dem Namen Schladminger. 1994 wurden die Geschäfte der Brauereigenossenschaft von der neu gegründeten Schladminger Brau GmbH übernommen, 8 Jahre später wurde sie in die Brau Union Österreich AG eingegliedert. Die regionale Marke Schladminger blieb und bleibt erhalten. Auch, indem man dort den regionalen Bezug lebt: Schladming ist schließlich nicht nur fürs Bier bekannt, sondern auch für den Skisport und eines der aufregendsten Rennen der Welt, den Schladminger Nightrace. Ein Mal dürfen Sie raten, welches Bier dort nächtens beim Anfeuern der Skistars genossen wird: der Schladminger Sepp, ein klassisches Märzen im alpenländischen Outfit, ist mit 10.000 Flaschen dabei.

Die Brau Union ist in der Grünen Mark stark vertreten. Ihr steirischer Ast umfasst neben Schladminger auch Puntigamer und Gösser. Die Brauerei Puntigam war ursprünglich eine kleine Grazer Vorstadtbrauerei. Die verkehrsgünstige Lage hob den Absatz und beschleunigte damit den Ausbau und die Modernisierung des Betriebs. Der wirtschaftliche Erfolg der ehemals kleinen Brauerei vertrieb alle anderen Braustätten, bis es nach dem Ersten Weltkrieg in Graz nur noch einen echten Konkurrenten gab:

## Das oststeirische Quartett

4 KLEINE, ABER SEHR AMBITIONIERTE BRAUHÄUSER SIND IN DER OSTSTEIERMARK ZU FINDEN:

- *Gratzerbräu*
- *Tonibräu*
- *Haringer Gold*
- *Moarbräu*

# Kärnten

# Hirter Bier ›› Labung am Weg

GEHT MAN VON DEN ANGABEN DER BRAUEREIEN AUS, IST ES NICHT GANZ EINDEUTIG, WELCHE DIE ÄLTESTE, NOCH IN BETRIEB BEFINDLICHE BRAUSTÄTTE ÖSTERREICHS IST.
In Kärnten finden wir sicher eine der ältesten, nämlich in Hurdi – so hieß im 13. Jahrhundert der Ort, den wir heute unter dem Namen Hirt kennen.

Steuerbescheide machen nicht immer große Freude. Aber über einen aus dem Jahr 1270 freuen sich zumindest die Hirter Brauer von heute. Denn aus diesem, an das Domkapitel zu Gurk ausgestellten Papier geht hervor, dass bereits damals in Hurdi Bier gebraut wurde. Ein sehr schmackhaftes Hirter-Bier erinnert mit seinem Namen „1270" daran.

## LÜCKENLOS SEIT 1460

Bis zum Jahr 1460 lässt sich die Besitzfolge an der Hirter Brauerei lückenlos nachweisen. Die Brauerei befindet sich auch heute noch zur Gänze in privater Hand. In weiblicher obendrein. Die Brauerei gehört zurzeit 2 Frauen, Mutter und Tochter. Eine Rarität in der heimischen Bierszene, die größtenteils von Männern dominiert wird. Das ist aus historischer Sicht gar nicht selbstverständlich, denn zu alten Zeiten gehörte das Bierbrauen zur Hauswirtschaft und war somit eine Domäne der Frauen.

Kärnten, an der Südseite des Alpenhauptkammes gelegen, lädt ein zum Verweilen, war aber immer auch ein Land an großen Transitrouten vom Norden in den Süden. Die Taverne zu Hurdi bot Kaufleuten, Rittern und Diplomaten Gelegenheit zur Rast auf ihrem Weg, etwa von Vindobona nach Aquilea. ››

›› Noch heute bietet Hirt mit seinem Braukeller gute Möglichkeiten, Kraft zu tanken. Er ist jeden Tag von 9 Uhr bis Mitternacht geöffnet. Zumindest eines der zurzeit 11 Biere sollte dabei verkostet werden. Wer das Glück hat, nicht weiter chauffieren zu müssen, probiert vielleicht ein zweites, drittes. Es lohnt sich, ein bisschen mehr Zeit einzuplanen, denn man kann gegen eine geringe Gebühr an einer Führung durch die Brauerei teilnehmen.

### DIE AURA DES BESONDEREN

Seit ich in Bier denke – und diese Phase währt nun schon viele Jahrzehnte –, ist die Marke Hirter Bier von einer Aura des Besonderen umgeben. Gerade in Wien waren die Produkte der Brauerei bereits in den 1970er Jahren beliebt und als Spezialitäten geschätzt. Natürlich vor allem im Sinne des im Einleitungskapitel diskutierten „Markendenkens" – man sprach auch damals nicht von einem speziellen Bier, sondern vom „Hirter" und meinte damit vor allem das Märzen, das auch in seiner gegenwärtigen Rezeptur einen ausgezeichneten Ruf genießt. Aber die Palette der Hirter ist bunt. Raimund Linzer braut Exotisches wie das Bio-Hanfbier, Klassiker wie das Morchl, eines der besten dunklen Biere Österreichs, und Spezialitäten wie das 1270. Das bernsteinfarbene Vollbier wird unter Verwendung von Karamellmalzen gebraut. Das verleiht ihm einerseits ein weiches, volles Mundgefühl und andererseits die schöne Farbe. Das Bier darf 6 Wochen reifen, was wesentlich zur Harmonie seiner Malz- und Hopfennoten beiträgt.

## Villacher Bier ›› 150 Jahre Vergangenheit und eine große Zukunft

### DEUTLICH JÜNGER, ABER MIT EINER STARKEN PERFORMANCE GLÄNZT DIE VILLACHER BRAUEREI IN UND NACH IHREM JUBELJAHR 2008.

Das Villacher Märzen gilt als das beliebteste Bier der Kärntnerinnen und Kärntner, Gernot Linder braut es auf betonte Weise im Zweimaischverfahren. Das frische Nass mit der geschmeidigen Malznote eignet sich hervorragend für den offenen Ausschank im Tourismusland Kärnten. Ich genieße es immer im Mountain Resort Feuerberg, auf 1.800 Meter Seehöhe, wo ein guter Teil dieses Buches entstanden ist. Trinkt man es dort an und lässt zugleich den gut hundert Kilometer weit reichenden Blick über Seen und Berge schweifen, hat man das Gefühl, man könnte sich diese wunderbare Landschaft schluckweise einverleiben.

150 Jahre ist in der Biergeschichte keine allzu lange Periode. Aber als Alter für ein prosperierendes Unternehmen ist es eine beachtliche Zahl. Wie groß die Unterschiede in der Bierkultur aus der Gründungszeit und davor gegenüber dem Heute sind, zeigen die Aufzeichnungen der Villacher Brauerei.

### DAS KUNIGUNTEN MAASS

Es geht schon wieder um eine Steuerangelegenheit und darum, wie gut man mittels Abgaben lenkend in den Alltag eingreifen kann. Denn Bier war deutlich niedriger besteuert als Wein und damit auch für weniger Begüterte leistbar. Folglich gehörte es schon seinerzeit zu den beliebtesten „Afterwork-Entspannungen", auf ein Bier zu gehen. Allerdings genoss man damals das Gebräu aus deutlich größeren Gebinden. Die Szenarien können unterschiedlicher kaum sein: Anstelle von smarten Managern, die sich in feines Tuch gehüllt eine Tulpe Pils zu Gemüte führen, waren es hauptsächlich Bauern und Handwerker, die in den Villacher Bierkeuschen am abendlichen Bier nippten.

Schon im 17. Jahrhundert wurde nach einer Maß-Einheit ausgeschenkt: Das „Kärntner Viertel" entsprach etwa 1,8 Litern. Die Einheit hieß auch „Kunigunten-Maaß" – nach der Frau Kaiser Heinrich II. Eine „Halbe" verfehlte also damals den Liter nur knapp.

An der Drau, in der Nähe der Villacher Kirche St. Nikolai, gab es eine Anlegestelle. Dort machten Flöße aus Oberkärnten kommend fest. Da, wo auch die „Dillenmaut" eingehoben wurde, standen 2 Gasthäuser, welche später zusammengelegt wurden und so den Vorläufer des „Hotel Brauhaus" abgaben. Der Fleischhauer Georg Katholnickh erwarb anno 1624 die „Zellerische Behausung" in der Vorstadt und begann ein Gasthaus zu betreiben. Nach einigen Besitzerwechseln gelangte es in die Hände der Familie Rautter. Die Witwe des Andreas Rautter übergab das Anwesen im Jahr 1722 an ihren Schwiegersohn Jakob Fischer.

## STEINBIER ›› EINE ALTE KÄRNTNER SPEZIALITÄT

Fischer wird – da sieht man schon wieder, wie wichtig Steuerkataster sind – dortselbst 1738 als Gastwirt und Steinbierbräuer geführt, 1750 wird er bereits als „Bräuer" bezeichnet. Das bedeutet, dass er dann bereits das bessere und natürlich auch teurere Kesselbier braute. Das Steinbier wurde in einem Verfahren gebraut, das besonders in Kärnten weit verbreitet war. Mitte des 18. Jahrhunderts wurde wohl mehr Steinbier als Kesselbier ausgeschenkt.

Das Steinbier wird in einem speziellen Verfahren hergestellt. Heiße Steine werden dazu verwendet, die Würze zu erhitzen. Dabei karamellisieren verschiedene Zucker an der Oberfläche der Steine, deshalb werden diese, auch wenn sie bereits abgekühlt sind, gemeinsam mit dem Sud in den Gärbottich gebracht. Dort löst sich der an den Steinen haftende, karamellisierte Zucker wieder und kann so mitvergoren werden. Karamellnoten und mineralische Töne geben dem Steinbier seinen typischen Geschmack, der auch leicht rauchig wirkt.

Steinbier wurde im Laufe der Geschichte fast ausschließlich in Kärnten und Skandinavien eingebraut. In Kärnten war es noch vor hundert Jahren wichtig. In Klagenfurt wurde es bis 1917 gebraut. Heute ist es in Österreich kaum zu finden. In Altenkunstadt, im an Brauereien reichen Franken, braut die familiäre Brauerei Leikeim seit 2007 wieder Steinbier.

## VOM LEHRLING ZUM EIGENTÜMER

Johann Fischer übernahm das Gasthaus in der Vorstadt im Jahr 1836, erst 22 Jahre später begann er mit der Kesselbierbrauerei. Somit gilt 1858 als Geburtsjahr der heutigen Villacher Brauerei. 1888 trat Johann Koutnik in das Unternehmen ein. Er avancierte zum Schwiegersohn. ››

*„Nostalogie"*
Villacher Brauerei

›› Als Mitglied der Brauerfamilie sorgte er für die Einleitung von elektrischem Strom. Später übernahm er die Brauerei und 1919 gründete er die Vereinigten Kärntner Brauereien AG. Die Stadt Villach gab Johann Koutnik das Recht, das Stadtwappen zu führen. Damit wurde die Fischer Brauerei endgültig zur Villacher Brauerei. Die Vereinigten Kärntner Brauereien wurden 1926 zum größten Brauunternehmen Kärntens. Es wurde von Koutniks Tochter, Dorothea Grubissich, weiter ausgebaut.

Heute arbeitet Braumeister Gernot Linder in einem funkelnagelneuen Sudhaus, mit modernsten Mitteln und viel Erfahrung. Stundenlang kann er über das „flüssige Gold" plaudern. Man spürt dabei die Liebe, die er in seine Arbeit steckt. Die Ruhe, die er ausstrahlt, lässt er auch seinem Bier, denn „gutes Bier braucht Zeit". Genauso wie wir uns Zeit nehmen sollten, um uns Schluck für Schluck daran zu erfreuen.

### DAS SORTIMENT DER VILLACHER BRAUEREI

... beginnt mit dem beliebtesten einheimischen Bier, dem Villacher Märzen. Feinherb und schön schlank grüßt das Villacher Glockner Pils aus der handlichen 0,33-Liter-Flasche. Ohne Filter, direkt in die Nostalgieflasche – das Villacher Zwickl. Spezialmalze und Pilsner Malz sorgen für Abwechslung beim Villacher Hausbier. Und die Leichtigkeit des Lenzes kann man mit dem Villacher Frühlingsbier genießen, weniger Alkohol bei vollem Geschmack. Das Starkbier für Weihnachten und Ostern ist der Villacher Festbock. 2008 gab es eine bernsteinfarbene fein gehopfte Spezialität, das Villacher Jubiläumsbier. „Sein und Design" ist das Motto der Villacher EDITION, die prickelnden Genuss für eine neue Generation verspricht. Hinzu kommen ein Zitronenradler und das malzige, würzige süße Villacher Dunkel.

## Schleppe ›› seit mehr als 400 Jahren

**SCHON WIEDER SIND ES STEUERAUFZEICHNUNGEN, IN DIESEM FALL EIN ZEHENTVERZEICHNIS DER PFARRE TULTSCHNIG AUS 1607, DIE UNS DABEI HELFEN, EINE BRAUEREI ZU DATIEREN.**

Die Schleppe Brauerei – so hieß das Anwesen schon damals – ist also mindestens 400 und ein paar Jahre alt. Natürlich wurde dort Steinbier hergestellt.

Bis zum Jahr 1827. Damals wurde das gesamte Areal samt Bau- und Braulichkeiten an Jospeh Löschnigg verkauft. Der gute Mann hatte das Kesselbierbrauen gelernt und errichtete als Zuhause für seinen Kessel einen Steinbau mit Schindeldach, dessen Wert noch im Jahr seiner Errichtung mit 600 Gulden geschätzt wurde. Unter den Schindeln braute Löschnigg das seinerzeit modernste Bräu der Welt.

### DAMPFBIER

Für diese Bezeichnung findet man unterschiedliche Etymologien. Die eine besagt, dass sie von der lebendigen Obergärung herrührt, die hauptsächlich an der Maische-Oberfläche stattfindet. Schaum steigt dabei auf und zerplatzt, was ähnlich aussieht wie Wasserdampf. In der Gründerzeit wurde der Begriff Dampfbier richtiggehend modern. Industrielle Brauer setzten auf die Dampfmaschine.

Ihre Fortschrittlichkeit wurde mit der Bezeichnung „Dampfbier" marktwirksam ausgedrückt. In unserem Fall handelt es sich wohl um die dritte Variante. Löschnigg verwendete Dampf zur Würzegewinnung aus der Maische und zum Biersud. Sein Dampfkessel wurde mit Torf aus dem eigenen Moos beheizt, was die Herstellung deutlich billiger machte. Energiekosten sind nicht erst in unseren Tagen ein wichtiges Thema der Brauereikalkulation.

### HOPFEN AUF DEM SCHLEPPEKOGEL

Löschnigg war überhaupt recht erfinderisch, wenn es um Einsparungsmöglichkeiten geht. So errichtete er am Schleppekogel eine Hopfenanlage, bestückt mit Saazer Setzlingen. Bedenkt man, dass sich seit einigen Jahren wieder ein ernstzunehmender Kärntner Weinbau entwickelt, so muss man sich fragen, ob dem nicht auch der Hopfenanbau folgen wird. Die klimatischen Veränderungen, die den Wein befördern, wirken sich genauso auf den Hopfen aus.

1875 wurde die Brauerei umgebaut und erweitert. Nun kam eine Dampfmaschine zum Einsatz, sie leistete 6 PS und half mit, Aufzüge, Pumpen und ein Maischerührwerk zu betreiben. Eine Braupfanne mit 66 Hektoliter Fassungsvermögen war auf direkte Feuerung eingerichtet. 38 Gärbottiche, 2 Kühlschiffe, Lagerfässer mit einer Gesamtkapazität von mehr als 5.500 Hektolitern ... 1886 wurden über 22.300 Hektoliter Bier ausgestoßen.

1919 kaufte Schleppe die Brauerei zu Unterbergen. Diese im Rosental gelegene Brauerei war zuvor 99 Jahre im Besitz ihres Gründers, des Brauers Balthasar Oblasser respektive seiner Nachfahren. Bis 1944 hieß es „Schleppe Bier – Klagenfurt und Unterbergen".

Seit 1993 wird die Schleppe Brauerei unter dem Dach der Vereinigten Kärntner Brauereien AG geführt. Die Biere der traditionsreichen, regionalen Brauerei werden nach wie vor in Klagenfurt gebraut und hauptsächlich in und um die Landeshauptstadt getrunken. Aber auch im nahen Italien und in anderen Bundesländern gibt es Fangemeinden des Klagenfurter Bräus. Schleppe ist auch unter dem Dach eines Braureiverbundes in seiner Seele eine kleine, feine, regionale Brauerei geblieben. Dafür sorgt auch Friedrich Koren, der als Braumeister für die Biere verantwortlich ist. Ein Märzen ist obligat. Das Schleppe Biobier, ein Weizen und ein Bockbier werden von Koren ganzjährig eingebraut, außerdem fallen ihm immer wieder überraschende saisonale Spezialitäten ein. Dazu wurde 2001 kräftig investiert, um Schleppe als Kärntner Spezialitätenbrauerei neu zu positionieren. Neben der Kernaufgabe jeder Brauerei, ein gutes Bier herzustellen, hat sich Schleppe in den jüngsten Jahren zu einem Zentrum für Brau- und Brennkultur gemausert.

*„Evolution"*

Schleppe Flaschen

# Tirol

# Zillertal Bier ›› innovativ aus alter Tradition

EINE ART „LIEFERSCHEIN“ AUS DER ZEIT UM 1400 LEGT DAS ÄLTESTE VERFÜGBARE ZEUGNIS ÜBER DEN BRAUBETRIEB IN ZELL AM ZILLER AB.

Aus dem Erzbischöflichen Urbar 92/1 (ein Besitzrechtsverzeichnis) geht hervor, dass Zutaten an die Brauwerkstatt in Zell zu liefern waren. Große Landwirtschaften wie der Hof der Propstei Kronberg brauten ihr Bier damals selbst. Das Erzbistum Salzburg verlieh der Propstei Zell am Ziller das Recht, Bier und Branntwein auszuschenken im Jahr des Herrn 1500.

## 1. MAI – DAS GAUDER FEST

Das damals wohl noch recht einfache Gebräu aus „Celle" verkaufte sich gut. Am Ort des Entstehens sprach man ihm besonders beim Frühlingsfest begeistert zu. Die Winter in den Tiroler Bergen können hart und lange sein. Vor allem, wenn man an die damaligen Wohnverhältnisse, Vorratshaltungen und Verkehrsmittel denkt, ist es verständlich, dass die Menschen den Frühling ganz ausgelassen begrüßten. Es hat sich bis heute erhalten und wird seit langem „Gauder Fest" genannt, was vom Gauderhof kommt, der in Jörg in der Au stand. Schon 1428 erwähnten venezianische Kaufleute, die regen Handel mit dem Zillertal betrieben, den Kirchtag und Jahrmarkt in Zell. In unseren Tagen ist das Zillertaler Gauder Fest als ältestes und größtes Frühlingsfest Österreichs eine gute Gelegenheit, in Pracht und Tracht aufzutreten. Es ist seit einer halben Ewigkeit untrennbar mit der Brauerei, die heute „Zillertal Bier" heißt, verbunden.

## DER ERSTE FREIE BIERBRAUER TIROLS

1678 hat die Salzburger Hofkammer das Bierbrauer-Recht und das Bier- und Branntwein-Zapfenrecht an Ludwig Jobst verliehen. Er gilt als erster freier Bierbrauer Tirols und ist ein direkter Vorfahre der heutigen Besitzer. Mit dem Brauen und Verkaufen von Bier waren schon früh gewisse Machtaspekte verbunden. Das äußerte sich 1692 auch im Zillertal, weil auf der Grundlage des Zapfenrechtes jedwede Einführung „fremden" Bieres abgestellt wurde. Auch wenn sich die Fügener Bierbrauer heftig darüber beschwerten, dass sie nur Zeller Bier kaufen konnten, es nutzte nichts – Zapfenrecht blieb Zapfenrecht.

Lange Zeit wurde im Polsingerhof zu Zell gebraut. Dort steht heute das Hotel Bräu. Aber schon im Jahr 1783 wurde die Brauerei an den heutigen Standort an der Gerlosstraße verlegt.

## INNOVATIONEN AUS DEM ZILLERTAL

In mancherlei Hinsicht wird den Tirolern ein rückwärts gewendetes Denken nachgesagt. Wie jedes verallgemeinernde Vorurteil taugt es nicht, in Zusammenhang mit dem Bierbrauen ist es schlichtweg falsch: Vor allem wenn man Zillertal Bier betrachtet, wird klar, wo innovative Brauer zu Hause sind. In den 1960er Jahren wurde dort schon ein Pils gebraut, in den 1980ern ein Radler. Im Jahr 1996 folgte das erste „Schwarze", meines Wissens bis heute das einzige österreichische Schwarzbier, das zum Standardsortiment einer Brauerei gehört, also ganzjährig angeboten wird.

Seit 1987 führt Waltraud Kolbitsch die Brauerei mit der enormen Tradition. Schon damals ››

›› gehörte Zillertal Bier zu den topausgestatteten Betrieben. 2008 wurde mit dem Neubau der Produktionsstätte begonnen. Die gesamte Brauerei wird aus der Dorfmitte an den Ortsrand verlegt, dorthin, wo heute schon Lager und Vertrieb zu Hause sind. Die neue Brauerei soll im Herbst 2009 fertig gestellt sein. Eine zweite Bauphase ist für das Jahr 2012 geplant. Ein zeitgemäßes Besucherzentrum soll entstehen. Dann wird es auch endlich Brauereiführungen geben, die Geschäftsleitung von Zillertal Bier bedauert, dass so etwas zurzeit nicht möglich ist, denn das Interesse am Bier und seiner Entstehung wächst ständig. Zum Jahreswechsel 2008/09 waren 34 Personen bei Zillertal beschäftigt, der Ausstoß der Brauerei beträgt 50.000 Hektoliter Bier.

Zillertal Bier ist heute die bedeutendste private Brauerei Tirols. Das Sortiment umfasst 8 Biere, darunter Klassiker wie Märzen, Zwickl, Dunkles und Radler; darüber hinaus noch ein edles Pils und das erste in Tirol gebraute Weißbier. Die beiden Spezialitäten Gauder Bock und Schwarzes wurden bereits an anderer Stelle ausführlich besprochen.

## Brauerei Falkenstein ›› seit 1918 Gösser

**DIE FALKENSTEINER BRAUEREI IN LIENZ BRAUT HEUTE ALS BETRIEB DER BRAU UNION GÖSSER-BIER.**

Wie in Göss selbst ist auch in Falkenstein Andreas Werner als erster Braumeister für die Produktpalette verantwortlich. Nicht nur die feinen Biere – von Gösser Gold über Spezial, Zwickel, Märzen und Stiftsbräu – sind spannend, auch die Geschichte der Osttiroler Brauerei ist hochinteressant. Und ein bisschen gruselig, zumindest was den Anlass zur Gründung der Brauerei betrifft.

Johann Baptist Steiner, ein Bauernsohn aus Matrei, entschied sich für den Brauberuf. Er zog als Braubursche durchs Land. Dabei musste er eines Tages eine grausige Entdeckung machen: die durchgekochte Leiche eines Biersieders. Der arme Mann war wohl beim Hopfenkochen ausgerutscht und in die Würze gefallen.

Jeder Mensch verdaut so einen Schock auf seine Weise, wenn es denn überhaupt gelingt. Steiners „Abwehrmechanismus" war ziemlich hoch stehend. Denn nachdem er langsam, aber sicher wieder Durst auf Bier bekam, wenn auch nicht auf jenes der gruseligen Brauerei, begann er über die Sicherheitsmaßnahmen in Brauereien nachzudenken. Ein solcher Unfall darf nie wieder passieren, schwor sich der junge Brauer. Auch ein Name war schnell gefunden: Falkenstein, nach einem schönen Felsen in seinem Heimatort. Im Jahr 1902 gründete Steiner die „Erste Osttiroler Dampfbrauerei Falkenstein". Allerdings war er als Braumeister weit erfolgreicher denn als Unternehmer, die Zeit des Ersten Weltkriegs bot dafür allerdings auch ein denkbar schwieriges Umfeld. Bereits 1918 sprang Gösser in die Bresche und erwarb die Falkensteiner Brauerei. Aus dieser Tradition wird noch heute in Lienz Gösser gebraut und kein anderes Bier.

## Starkenberg ›› ein Schloss in luftiger Höhe

OBERHALB TARRENZ, AUF 900 METER SEEHÖHE UND IN DER NÄHE VON IMST, LIEGT EIN SCHLOSS, DAS SICH AUCH HEUTE NOCH SO MANCHEM EROBERUNGSVERSUCH ERFOLGREICH WIDERSETZT.

Sogar jenen ernsthafter Bierinteressenten. Wer sich für Starkenberger Biere interessiert, muss tüchtig dafür kämpfen und kann dennoch an der restriktiven Informationspolitik scheitern.

Dabei sollte es dafür wenig Grund geben, denn die Brauerei verkündet stolz: „Die Familienbrauerei Schloss Starkenberg […] braut […] als letzte verbliebene Brauerei Österreichs ganz und gar ohne chemische Zusätze […].“ Und: „Mit aus diesem Grund erhielt die Brauerei Schloss Starkenberg in den vergangenen 30 Jahren bereits 39 Goldmedaillen bei der sogenannten „Monde Selection“, der Bierolympiade. Somit ist das Starkenberger Bier das meistprämierte Bier Österreichs, wahrscheinlich des gesamten EU-Raumes, vielleicht sogar der ganzen Welt.“ Warum man bei anderen, streng neutral gehaltenen Blindverkostungen nicht teilnehmen möchte, bleibt also bis dato unverständlich.

Die Geschichte des Schlosses geht auf die Errichtung der Festung Neustarkenberg in der ersten Hälfte des 14. Jahrhunderts zurück, das Braugewerbe wurde im Jahr 1810 angemeldet. Bereits 1907 war die Brauerei am Stand der Technik und stieß 10.000 Hektoliter Bier aus. Nach wirtschaftlich und politisch schwierigen Zeiten, die vor allem die große Landwirtschaft des Schlosses gut übersteht, wird 1955 auch mit einer neuerlichen Renovierung der Brauerei begonnen. 1972 übersteigt der Ausstoß die 30.000-Hektoliter-Marke. 1984 übernimmt die Familie Amann die Brauerei und führt Zug um Zug Modernisierungen durch, die im Jahr 2000 abgeschlossen werden können. Charlotte Amann ist die Inhaberin der Brauerei Schloss Starkenberg, ihre Tochter Desirée unterstützt sie bei der Führung der Brauerei.

*Schloss Starkenberg*
Brauerei

## Huber ›› die familiäre Brauerei

GROSSE BRAUEREIEN WOHNEN IN DER BRAUEREISTRASSE, DIE HUBERSCHE SITZT AM BRAUWEG IN ST. JOHANN IN TIROL.

Schon in der ersten Hälfte des 18. Jahrhunderts wurde Huber-Bier ausgeschenkt. Heute gehört das Huber-Bräu im mondänen Kitzbühel zu den „Musts“.

# GENUSS.bier.pur

## *das Biermagazin*

Seit Oktober 2007 gibt es auch eine richtige Bierzeitschrift. Das erste – und bislang einzige – deutschsprachige Publikumsmagazin, das sich ausschließlich dem Thema Bier widmet. Das bedeutende und traditionsreiche Kulturgut wird von GENUSS.bier.pur in all seinen Facetten dargestellt.

*Biergenießer lieben die Vielfalt, die Spezialitäten, das Entdecken, die Abwechslung.*

Auch dazu ist **GENUSS.bier.pur** da: Nischenprodukte bekannt zu machen und kleineren und mittelständischen Brauereien eine mediale Plattform zu bieten.

**GENUSS.bier.pur** berichtet über die heimische und die internationale Bierszene. Schwerpunkt sind natürlich österreichische Bierspezialitäten, die auch in kommissionellen Blindverkostungen bewertet werden. Die Skala reicht von 0 Gläsern (für ein nicht bewertbares Bier) bis zu 5 Gläsern (für ein unübertrefflich gutes Bier). Bislang wurden unter anderem Weizenbiere, Böcke, Pilsbiere und natürlich auch Märzenbiere verkostet, beschrieben und bewertet.

**GENUSS.bier.pur** ist keine Fachzeitschrift, sondern ein textlich und grafisch einladend aufbereitetes Medium, ein heiteres Lesevergnügen auf der Basis seriös recherchierter Fakten, gewürzt durch die persönliche Meinung erlesener Kolumnisten (der Wiener Satiriker David Schalko, Mr. Hophead …). Porträts von Menschen, die sich intensiv mit Bier beschäftigen, und von einzelnen Brauereien runden das Informationsangebot ab.

*Das Magazin erscheint im Österreichischen Agrarverlag drei Mal im Jahr und zwar am 1. April, am 15. Juni und am 15. Oktober.*

Es wird im Auftrag des Agrarverlages von der wegro gmbh erstellt. Probeheft und Abo unter office@wegro.at

*Ignaz Zeller*

Hopfenbauer

# Hopfen

Die Kletterpflanze aus der Familie der Hanfgewächse ist heute das bei weitem wichtigste Biergewürz. Dabei ist Hopfen erst in der jüngsten der 5 Jahrtausende währenden Biergeschichte Bestandteil des Biers. Die legendäre Hildegard von Bingen hat im Mittelalter die ausgezeichnete Wirkung der weiblichen Dolden des Humulus lupulus protokolliert. Zu den wichtigsten Hopfeneigenschaften zählen seine entzündungshemmende und seine beruhigende Wirkung. Zahlreiche Hopfen-Inhaltsstoffe machen das Bier bekömmlicher, wertvoller und haltbarer. Auch der Geschmack des Bieres wird vom Hopfen wesentlich beeinflusst, obwohl er – prozentuell gesehen – nur in sehr geringen Mengen dem Bier zugesetzt wird.

## Das grüne Gold

Auch wenn die Menge des eingesetzten Hopfens gemessen am Gesamtvolumen gering ist – die Duftvarianten und Geschmacksfacetten, welche die unterschiedlichen Hopfensorten ins Bier zaubern, sind vielfältig. Das Spektrum der vom Hopfen ausgehenden Noten reicht von blumig-duftend bis hin zu fruchtigen Nuancen. Bekannt ist etwa Hopfen mit Apfelnoten oder solche, die nach Johannisbeeren oder Grapefruits duften. Einige Sorten geben dem Bier grasige und/oder würzige Kräuternoten. Auch an der Schaumstabilität des Biers ist Hopfen maßgeblich beteiligt.

Die Liste der Inhaltsstoffe des Hopfens ist lange. Für das Bier sind 2 Gruppen wesentlich: die erste fasst jene zusammen, welche die Bittere ins Bier bringen. Der bekannteste unter diesen Inhaltsstoffen ist die Alphasäure. Sie dient einerseits als Basis zur Berechnung des Hopfenpreises und andererseits zur Berechnung der Bittere eines Bieres. Mit der Bittereinheit „BE", auch „IBU", International Bitter Unit, auch Bitterwert nach EBC (European Brewery Convention), wird die Bittere so festgelegt:

*1 BE entspricht einem Milligramm gelöster Alphasäure pro Liter.*

## Ätherische Öle

Die zweite Gruppe der für das Bier relevanten Hopfeninhaltsstoffe sind die ätherischen Öle. Sie sind vor allem dafür verantwortlich, dass ein Bier beispielsweise nach frischen Grapefruits duftet. Dies ist etwa dann der Fall, wenn amerikanische Hopfen der Sorten Cascade oder Amarillo eingesetzt werden.

Man unterscheidet zahlreiche Hopfensorten, die grob in 2 Gruppen eingeteilt werden können: Bitterhopfen und Aromahopfen. Wie ihre Bezeichnungen bereits vermuten lassen, dienen die Bitterhopfen vor allem dazu, Bieren die Bittere zu verleihen. In Österreich ist dies für nahezu alle hier gebrauten Bierstile wichtig, besondere Bedeutung kommt der Bittere jedoch bei den Pilsbieren, aber auch bei Export- und Spezialbieren oder Bockbieren zu. Gerade alkohol- und geschmacksintensive Biere mit einer gewissen Restsüße brauchen das hopfig-bittere Rückgrat, um nicht zu breit oder klebrig zu schmecken. Ein kraftvolles Bier mit vollem Körper und intensiver Süße wirkt erst dann harmonisch, wenn, gleichsam als Kontrapunkt, Säure und Bittere in ausreichendem Maße vorhanden sind. Ausgewogenheit ist ein Merkmal perfekt komponierter Biere. Je wuchtiger die Elemente in der einen Waagschale sind (Fülle und/oder Süße und/oder Geschmacksintensität), desto mehr muss in die andere Schale gelegt werden. Dort kann Säure und Rezenz (Kohlensäure) genauso gut gebraucht werden wie eben die Bittere. Und die kommt bei den meisten Bieren in hohem Maße von den Inhaltsstoffen des Hopfens. ››

›› Bei der Komposition mancher Kreativbiere wird die Hopfenbittere durch anderes ersetzt – wie etwa durch die Bitterstoffe der Kaffeebohne in einem Sonderbier der Brauerei Hofstetten.

In einigen internationalen Bierstilen, die in Österreich kaum oder nur ganz selten und in kleinen Mengen gebraut werden, wie zum Beispiel Stout, gibt der Hopfen noch viel deutlicher den Ton an als beim Pils. Stile wie Bitter oder Best Bitter tragen bereits die entsprechenden Namen, auch India Pale Ale (IPA) oder Double IPA können sehr stark gehopft sein.

## Der klingende Akkord eines gelungenen Biers

Die Braumeister nutzen die Möglichkeit mehrerer Hopfengaben im Verlauf eines Brauprozesses, um die Blume des Biers nicht nur wie einen einzelnen Ton, sondern wie einen Akkord zu komponieren. Vielfach wird dazu eine Kombination von Bitter- und Aromahopfen gewählt. Der oder die Bitterhopfen sorgen dann für das entsprechende Rückgrat, der oder die Aromahopfen für die feinen Töne im Duft und Geschmack des Biers. Es gibt allerdings auch Braumeister, die darauf schwören, bei manchen Bieren ausschließlich Aromasorten einzusetzen.

## Jahrgangshopfen

Die traditionsreiche steirische Biermarke Reininghaus produziert eine ganz besondere Bierspezialität, das Jahrgangspils. In den jüngeren Jahren hat man erkannt, dass Hopfen von seinem Terroir abhängig ist. Der Begriff „Terroir" umfasst den Boden und die Lage des Hopfengartens, das Kleinklima, welches dort herrscht. Darüber hinaus wird auch die Pflege des Hopfengartens, gleichsam die „Handschrift des Hopfenbauern", zu Terroir gezählt. Natürlich ist auch die Sorte von ausschlaggebender Bedeutung für die Qualität der weiblichen Dolden (nur sie werden als Biergewürz verwendet) und die Zusammensetzung der in ihnen enthaltenen Inhaltsstoffe. Folglich kommen höchst unterschiedliche Qualitäten in die Verarbeitung. Darüber hinaus gibt es auch bei Hopfen eine Jahrgangscharakteristik. Das bislang einzige Jahrgangspils Österreichs wird, natürlich mit ausgesuchtem Lagenhopfen in der Steiermark hergestellt. Lesen Sie mehr zu diesem Bier auf der Seite 25.

## Heilpflanze des Jahres

Hopfen bietet eine schier unglaubliche Fülle an Möglichkeiten. Auch außerhalb des Bierbrauens wird Hopfen immer wichtiger. So ist Hopfen zur „Heilpflanze des Jahres 2007" erklärt worden. Mit einem wohlriechenden Hopfenkissen können Ein- und Durchschlafstörungen auf eine völlig natürliche Weise beseitigt werden. Man erspart so dem Körper die Einnahme und Verarbeitung chemischer Substanzen (Schlafmittel). Bereits zu alten Zeiten kannte man in einigen Klöstern die beruhigende Wirkung des Anaphrodisiakums. Seit Jahrhunderten wird Hopfen in der Volksmedizin wegen seiner die Verdauung fördernden, entzündungshemmenden und antioxidativen Wirkung eingesetzt. Auch die zeitgenössische Gynäkologie und Urologie bedienen sich der Heilkraft des Hopfens.

## Xanthohumol ›› das X in jedem Bieralphabet

Die Hopfenbittersäuren Humulon und Lupulon haben nicht nur Einfluss auf den Geschmack und die Würze des Lebensmittels, dem sie zugesetzt werden – sie sind es auch, die zur beruhigenden Wirkung des Hopfens beitragen. Zusätzlich wurde erst an der Wende zum dritten Jahrtausend der im Hopfen enthaltene Wirkstoff Xanthohumol entdeckt. Er wird zurzeit in der Krebsforschung untersucht, man erhofft eine gewisse Therapiewirksamkeit. Sollten sich diese Vermutungen bestätigen, wird das ganz gewiss erhebliche Auswirkungen auf die Verfügbarkeit des Hopfens und seinen Preis haben. Das Xanthohumol kann auch im Bier nachgewiesen werden. Es ist ein stark wirkendes Antioxidans. Diese Substanzen sind überaus hilfreich, weil sie etwa dazu beitragen, einem hohen Cholesterinspiegel, Herzerkrankungen und Krebs sowie Alzheimer vorzubeugen. Das im Hopfen gefundene Xanthohumol wirkt dabei wesentlich stärker als die bisher gefundenen Antioxidantien in Wein, grünem Tee und Sojaprodukten.

## Preisanstieg um mehrere tausend Prozent in einem Jahr

Für den Bierpreis ist es ein großes Glück, dass Hopfen nur in vergleichsweise kleiner Dosis zugesetzt wird. Denn die sensible Pflanze ist stark vom Klima abhängig. Hinzu kommt, dass in manchen Anbauregionen, wie etwa in der bayerischen Hallertau, lange Zeit ein zyklisches Pflanzverhalten der Hopfenbauern zu beobachten war: Nach einem guten Jahr mit hohen Preisen wurde deutlich mehr Hopfen ausgepflanzt als nach einem Jahr, das eine schwache Ernte und schlechte Preise eingebracht hatte. Dieses prozyklische Verhalten hat die Auf-und-Ab-Bewegung der Hopfenpreise verstärkt und zu Überangeboten beziehungsweise beschleunigter Verknappung geführt. Im Jahr 2006 war eine regelrechte Hopfen-Missernte zu beklagen. Sie hat zu einem weltweiten Mangel an Hopfen und fallweise sogar zu Stillstand in einzelnen Brauereien geführt. Eine weitere Folge war ein enormer Preisanstieg bei Hopfen aller Art – natürlich besonders bei den guten Qualitäten. Dabei ging es nicht um Preiszuwächse in der Höhe einiger Prozentpunkte: Der Hopfenpreis stieg in einer einzigen Saison um mehrere tausend Prozent. Die in jüngerer Zeit exponentiell anwachsende internationale Nachfrage hat jedoch dazu geführt, dass die, auch mengenmäßig ausgezeichnete Hopfenernte 2008 keine Reduktion der zuvor explodierenden Preise mit sich brachte.

*Frische Ernte*

Hopfen

# Nicht nur der Preis klettert

*Stimmung*
im Hopfengarten

Hopfen ist nicht nur eine überaus wertvolle Pflanze, er ist auch schön anzusehen. Damit ist die ästhetische Form der weiblichen Dolden gemeint, aber auch seine „Erziehung" in den mächtig hohen Hopfengärten. Drähte, die zwischen 7 Meter hohen Holzgerüsten gespannt sind, dienen als Kletterhilfe für die wüchsige Pflanze. Bei guten Bedingungen kann man ihr beim Wachsen zuschauen: 30 Zentimeter pro Tag sind zwischen Mai und Juli möglich. Hopfengärten prägen das Bild vom Mühlviertler Hansbergland, wo auf 43 Hektar Hopfen angepflanzt wird. Seit dem Jahr 2005 ist dieser Landstrich mit seinem Hopfen „Genuss Region", eine Art Adelsprädikat für landwirtschaftlich genutzte Gegenden, die in besonderem Maße von einem natürlichen, regionsspezifischen und wertvollen Produkt geprägt sind.

Mit dem Hopfen aus der „Genuss Region Hansbergland" kann etwa ein Fünftel des heimischen Bedarfes gedeckt werden. Auch in der Steiermark wird die Hanfpflanze kultiviert. Dort kann man sich auch vom fröhlichen Nebeneinander von Bier und Wein überzeugen. Etwa bei den geführten Hopfengärten- und Weinriedenwanderungen, die von den Leutschacher Hopfenbauern alljährlich im August veranstaltet werden.

Im Hopfenhandel werden Aromasorten, Bittersorten und Hochalphasorten unterschieden. Aromasorten haben logischerweise einen höheren Anteil an feinaromatischen Bestandteilen, wie Caryophyllen oder Farnesen. Ihr Alphasäureanteil ist mit 2,5 bis 5 Prozent vergleichsweise gering. Perle, Spalter Select und Hallertauer Tradition gehören zu den Aromasorten.

Hochalphasorten sind Bittersorten mit einem Alphasäureanteil von 10 bis 15 Prozent. Das Terroir prägt den Hopfen, daher wird die Hopfenpartie zuerst nach dem Anbaugebiet und dann erst nach der Sorte benannt. Hallertauer Herkules mit 12 bis 17 Prozent Alphasäureanteil gehört zu den neuen Hochalphasorten.

# Langfristige Verträge

Für Heinrich Dieter Kiener, Inhaber der Stieglbrauerei zu Salzburg, ist die Sicherung der besten Hopfenqualitäten ein persönliches Anliegen. Rohstoffeinkauf wird in der größten Privatbrauerei Österreichs zur Chefsache erklärt. Langfristige und gut über dem Marktschnitt dotierte Verträge mit Mühlviertler Bauern sichern diesen eine Existenzgrundlage und Stiegl den Zugang zu ausgezeichneter Qualität.

## Pellets oder Naturhopfen

Viele Brauereien verwenden heutzutage anstelle von Doldenhopfen Pellets und andere Hopfenprodukte. Sie sind wirtschaftlicher und „sicherer". Pellets lassen sich automatisch dosieren und sind weit länger lagerfähig als Naturhopfen. Sie verhelfen zum leichteren Erreichen der Gleichmäßigkeit bei der Bitterung des Bieres. Transport und Lagerkosten sind geringer und der Hopfenseiher wird überflüssig.

*Hopfenernte*
auf dem Dachboden

Wenn eine Brauerei, zumal eine große, auch heute noch ausschließlich Naturhopfen einsetzt, dann bedeutet das schon eine sehr bewusste Entscheidung. Im Hausruckvorland liegt ein kleiner Ort namens Zipf. Dort wird seit 1858 Bier gebraut, bis heute mit Naturhopfen. Zipfer Bier ist die gegenwärtig wichtigste Marke der Brau Union. Die Augen des Braumeisters Günther Seeleitner leuchten, wenn er von seinem Hopfenlager spricht.

*„Dieser Duft, wenn man da durchgeht! Das muss man einfach selbst einmal eingeatmet haben."*

Wer für 11 Sude täglich zu jeweils 450 Hektoliter Bier ausschließlich Naturhopfen einsetzt, hat nicht nur nostalgische Überlegungen im Blickfeld. Die Ergebnisse vieler Blindverkostungen zeigen es deutlich.

# Wasser

## *Je weicher, desto besser*

Immer wenn wir von Wasser im Zusammenhang mit seinem Einsatz als Zutat zum Bier reden, meinen wir die natürlich vorkommenden Wässer. Also nicht den chemischen Begriff vom reinen $H_2O$, sondern jeweils ein Wasser samt den in ihm gelösten Stoffen. Für das Brauen ist die Härte des Wassers wichtig. Sie entsteht durch seinen Gehalt an Ionen der Erd-Alkalimetalle. Die Salze von Kalzium und oder Magnesium spielen hier die wichtigste Rolle. Die Härte wird in Graden gemessen. Es gibt französische, englische und amerikanische Härte, in Österreich wird nach deutscher Härte gemessen. Ein Grad deutsche Härte entspricht einem Gramm Kalzium in hundert Liter Wasser gelöst.

| Grad deutscher Härte | Weichheit des Wassers |
|---|---|
| 0 bis 4 Grad | Sehr Weich |
| 4 bis 8 Grad | Weich |
| 8 bis 12 Grad | Mittelhart |
| 12 bis 30 Grad | Hart |
| Über 30 Grad | Sehr Hart |

DASS BRAUEREIEN WEICHES WASSER EINSETZEN, IST KEINE GESCHMACKSFRAGE – DABEI GEHT ES UM VIEL MEHR, EIGENTLICH UM ALLES: NÄMLICH, OB AUS DEN ZUTATEN ÜBERHAUPT EIN RICHTIGES BIER WERDEN KANN ODER NICHT.

Denn (auch im Malz vorkommende) Enzyme sollen unlösliche Bestandteile der Maische löslich machen und die in großen Molekülen vorliegenden Zucker so weit aufspalten, dass eine Gärung in ausreichendem Ausmaß überhaupt möglich ist. Bei zu hartem Wasser werden die Enzyme aber „träge" bzw. arbeiten überhaupt nicht mehr.

Doch damit nicht genug: Karbonathärte führt zu einem höheren pH-Wert und somit auch zu langsamerer Tätigkeit der Hefe. Apropos Hefe: Auch der Nitratgehalt eines Wassers muss unter 20 Milligramm pro Liter liegen, damit man es für das Brauen verwenden kann. Läge dieser Wert höher, könnte die Hefe Nitrat zu Nitrit umwandeln. Was eine Gärung erheblich verzögern kann, denn auch wenn es von der Hefe selbst produziert wurde: Nitrit schadet ihr erheblich, es gilt als „Hefegift".

Würde beim Brauen zu hartes Wasser eingesetzt werden, käme es also zu längeren Sudhauszeiten. Das bedeutet höhere Energiekosten und somit teureres Bier. Außerdem wäre der Geschmack beeinträchtigt: Es entstünden viel zu „breite" Biere mit kratziger Bittere. Liegt also hartes Wasser vor, bleibt der Brauerei nur die Enthärtung durch Wasseraufbereitung.

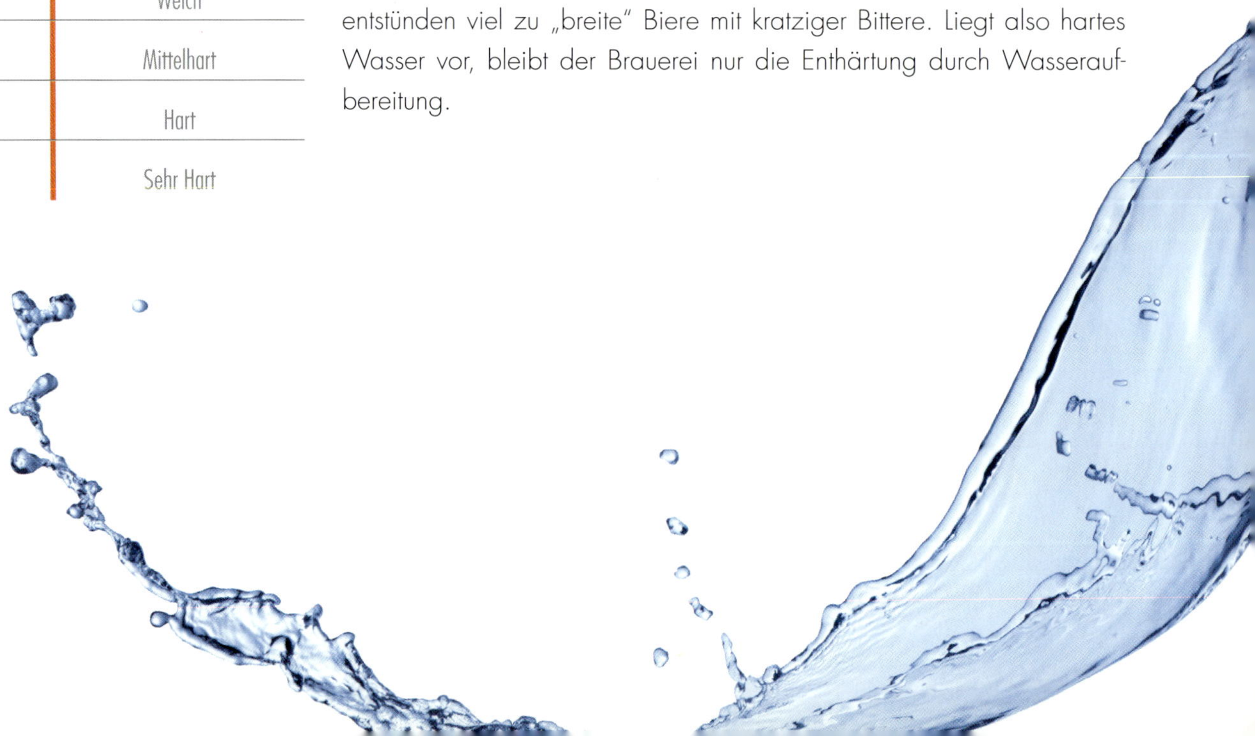

## Brauwasser, Prozesswasser, Spülwasser

Wasser ist Bestandteil des Bieres, aber die Brauerei benötigt noch weitere Wässer. So wird Wasser für den Prozess auch begleitend gebraucht, etwa als Kühlmittel und zur Dampfproduktion. Außerdem braucht man Spülwasser und Wasser zu Reinigungs- und Desinfektionszwecken. Und das in erheblicher Menge. Deshalb dürfen Brauereien in vielen Ländern der Welt Wasser mittels Umkehrosmose wieder aufbereiten. Der Wasserverbrauch hängt von der Güte der Prozesse und von der technischen Ausstattung der Brauerei ab.

## Wasser sparen am Beispiel der Stiegl-Brauerei

Je größer die Brauerei, desto „leichter" fällt das Wassersparen. „Wir sind in Österreich in der glücklichen Lage, mit besonders gutem und vor allem reichlich vorhandenem Wasser gesegnet zu sein." Stiegl-Chef Heinrich Dieter Kiener ist sich der international zunehmenden Wasserknappheit bewusst. Der nasse Segen hält Stiegl nicht davon ab, auch an der Optimierung der Verwendung von Wasser immer weiter zu arbeiten. Etwa um den Verbrauch zu senken und dabei stets die beste Qualität des Brauwassers im Auge zu behalten. In der Brauerei wird ausschließlich mittelhartes Quellwasser vom nahen Untersberg verwendet.

Die Waschlauge, zum Säubern der Flaschen eingesetzt, wird selbst täglich gereinigt. So kann sie ein ganzes Jahr lang verwendet werden.

In Summe werden bei Österreichs größter Privatbrauerei jährlich 342 Millionen Liter Trinkwasser verarbeitet. Heute braucht man für die Herstellung von 1 Liter Stiegl-Bier noch immer rund 3,7 Liter frisches Quellwasser aus den Tiefen des Untersbergs. Dieser Wert liegt bereits um 37 Prozent unter jenem, der vor 18 Jahren gemessen wurde. In der jüngeren Vergangenheit hat Stiegl dank seiner Modernisierungsmaßnahmen den Wasserverbrauch um jährlich 211 Millionen Liter gesenkt. Das ist die Menge, die etwa 1.300 durchschnittliche österreichische Haushalte pro Jahr verbrauchen.

Die „durchschnittliche Brauerei" verbraucht für einen Hektoliter Verkaufsbier 6 Hektoliter Wasser. Eine sehr gute, neu gebaute Brauerei kann diesen Wert auf bis zu 2,5 senken. Aber es gibt auch Beispiele, bei der das Verhältnis der Menge an verbrauchtem Wasser zu der Menge an Verkaufsbier 23 zu 1 beträgt. Derart extremer Ressourcenverbrauch kommt in Österreich glücklicherweise nicht vor.

## Woher die Härte kommt

Die Härte kommt in das Wasser, wenn es durch Gesteinsformationen fließt, die es leichter auslaugen kann. Etwa aus Sedimentgesteinen, wie Kalkstein. Der Salzgehalt des Wassers schwankt, bedingt durch Jahreszeit, Niederschlagsmenge, Änderungen im Grundwasserstrom. Daher finden wir besonders weiches Wasser zum Beispiel dort, wo Granitformationen vorherrschen. Dafür berühmt ist das Waldviertel in Niederösterreich. Kein Wunder also, dass sich gerade dort, über dem Urgestein der Böhmischen Masse, Brauereien angesiedelt und bis heute gehalten haben.

Dass Wässer vorliegen, die nicht einmal pasteurisiert werden müssen, ist ein großes Glück. In dieser Beziehung ist Österreich tatsächlich eine selige Insel – umgeben von bestem Brauwasser. Raimund Linzer, der Hirter Braumeister, kann auf Gebirgsquellwasser zurückgreifen, dessen natürliche Härte zwischen 6,4 und 6, 7 Grad deutsche Härte liegt. Er ist von der Komplexität des Wassers beeindruckt: „Manche Wässer enthalten bis zu 2.000 verschiedene Wirkstoffe."

Brauwässer sind immer „besser" als Trinkwasser. Trinkwasser zu sein ist eine Grundvoraussetzung dafür, dass ein Wasser zum Brauen verwendet werden kann. Anders gesagt: Alle Werte und Ergebnisse, sensorischer, chemisch-physikalischer oder mikrobiologischer Art, müssen der Trinkwasserverordnung entsprechen.

## „Fingerprints" diverser Brauwässer

Andreas Urban, Braumeister zu Schwechat, bezeichnet den prägenden Charakter unterschiedlicher Brauwässer als ihre „Fingerprints". Als Kolumnist des Magazins GENUSS.bier.pur schreibt er unter dem Pseudonym „Mr. Hophead": „Sie prägen den individuellen Geschmack des Bieres und bilden die Basis für bekannte Biertypen. Das Pilsner Brauwasser ist mit 2 °dH (deutscher Härte) ausgesprochen salzarm und weich. Dies führt zum hellen und hopfenbetonten Pilsener Typ. Die Härte des Münchner Brauwassers mit 15 °dH ist fast ausschließlich auf Carbonate zurückzuführen. Aus den gleichen Rohstoffen entstehen mit diesem härteren Wasser dunklere Biere mit einer stärker ausgeprägten Bittere, die mitunter als derb und kratzig empfunden wird. Der untergärige Münchner Typ ist vollmundiger. Daran hat auch das Brauwasser Schuld. Seine Härte bedingt geringere Enzymtätigkeit und damit ein weniger hoch vergorenes Bier. Die hohe Härte des Dortmunder Wassers (41 °dH) wird überwiegend durch Sulfate verursacht. Sie ist Grundlage für den hellen, untergärigen, leicht vollmundigen und deutlich hopfigen Dortmunder Export Typ."

Auch innerhalb Österreichs ist das Spektrum an Brauwässern groß. Das Wasser prägt nicht nur die Landschaft, sondern vor allem auch das Bier des jeweiligen Landstriches.

# Malz

Für den Laien schaut eine Hand voll Malz von einiger Entfernung nicht viel anders aus als eine Hand voll Getreidekörner. Für manche wirkt das überraschend, sie haben sich unter Malz etwas anderes vorgestellt, etwa eine hochviskose Flüssigkeit. Tatsächlich versteht man unter Malz Getreidekörner, die „angekeimt" wurden. Diesen Prozess nennt man „Vermälzung", er dauert ziemlich genau eine Woche.

## Braugetreide

Üblicherweise verwendet man dazu Braugetreide, das sich von anderen Getreidesorten (vor allem von Saatgut) dadurch unterscheidet, dass seine so genannte „Keimpause" weggezüchtet wurde. Bei Getreide in seiner ursprünglichen Form sah die Natur so eine Pause vor, denn sie ist für die Pflanze, vor allem in unseren Breiten, überlebensnotwendig. Würde das Korn im Winter auskeimen, erfröre es – und wir ständen ohne Brot da.

Braugerste hingegen soll möglichst rasch nach der Ernte keimen können. Denn gerade durch dieses Keimen bereitet sie sich gewissermaßen selbst so auf, dass sie zum Herstellen von Bier verwendet werden kann. Denn beim Keimen entstehen die Enzyme.

## Enzyme

Sie leisten wesentliche Arbeit an der Aufbereitung des Grundmaterials für Bier. Dieses Grundmaterial besteht aus Kohlehydraten, etwa aus Zuckern, die bei der Gärung – mithilfe der Hefe – zu Alkohol umgewandelt werden. Diese Stoffe liegen aber naturbedingt in hochmolekularer Form vor. Da kann die Hefezelle kaum angreifen, wertvolle Substanz bliebe ungenutzt, Energie bliebe gebunden.

Enzyme sorgen dafür, dass diese Rohstoffe – man konnte sagen – „zerkleinert" bzw. aufgeschlossen werden. Hochmolekulare Stoffe werden mit Hilfe der Enzyme in niedermolekulare Stoffe abgebaut. Beim Mälzen werden aber auch weitere Enzyme, die später beim Brauprozess dringend gebraucht werden, gebildet. Und eigentlich ist das sogar der Hauptzweck des Mälzens.

Alle diese Vorgänge sind ganz natürlich und dürfen nach heimischen Richtlinien nicht durch den Zusatz „externer" kleiner Helfer beschleunigt werden.

Wie man sich denken kann, sind solche Vorgänge sehr sensibel. Die natürlichen Teilnehmer an diesen Prozessen reagieren auf Temperatur und auf den pH-Wert ihres Milieus. Im schlimmsten Fall damit, dass sie ihre Arbeit ganz verweigern. ››

*Bei der Arbeit*

im Lager

» Dabei sollen die Wachstumsvorgänge im Korn unterdrückt werden, denn würde beim Mälzen das Wachstum zu weit voranschreiten, bliebe viel weniger vom Mehlkörper, also jenem „Rucksack" an Nährstoffen, der den Hauptteil jedes Korns ausmacht, übrig. Aber gerade diesen Mehlkörper brauchen wir als Grundlage der Gärung, als Nahrung für die Hefe.

*Mit prüfendem Blick*

im Gerstenfeld

# Mälzen dauert eine Woche

## WEICHEN – 1 TAG

Der erste Teil des Mälzens ist das Weichen. 24 Stunden lang nimmt das Braugetreide Wasser auf. Dabei muss es mit Sauerstoff versorgt und gereinigt werden. Es bildet sich Kohlendioxyd und muss, ebenso wie die entstehende Wärme, abgeführt werden.

## KEIMEN – 5 TAGE

Danach keimen die Körner. Das Keimen dauert 5 Tage lang. In den so genannten Keimkästen herrscht normalerweise eine Temperatur zwischen 14 und 18 Grad Celsius. Unter 3 Grad keimt das Korn nicht mehr, über 40 stirbt es ab.

## DARREN – 1 TAG

Der dritte Teil des Mälzens beendet den Keimvorgang und heißt „Darren". So bezeichnet man die Reduktion des Wassergehaltes im Korn (kann nur keimen, wenn es mindestens 35 Prozent Wasser enthält) durch schonendes Trocknen. Das Darren geht in 2 Phasen vor sich: Zunächst erfolgt das Schwelken (bis zu einem Wassergehalt von 10 bis 12 Prozent) und schließlich das Abdarren bei Temperaturen von mehr als 50 Grad Celsius.

## Rösten

Das Darren kann aber bei unterschiedlichen Temperaturen – mit verschiedenen Ergebnissen – erfolgen. Wird ein Malz bei weit höheren Temperaturen gedarrt, so wird es dunkel und so nimmt es auch Einfluss auf die Farbe des Bieres. Das Darren kann auch mit Rösten kombiniert werden, was zu entsprechender Aromabildung („Röstaromen") führt. Und das Darren kann auch über Holzrauch erfolgen. Darrt man Braumalz über Buchenholzrauch, so entsteht dabei das wichtigste Ausgangsprodukt für eine seltene und überaus köstliche Bierspezialität: das Rauchbier.

Rauchbier ist besonders in der fränkischen Stadt Bamberg „zu Hause". Dort steht auch eine der wichtigsten Mälzereien der Welt. Sabine Weyermann und Thomas Kraus-Weyermann führen die pittoreske Fabrik mit den ausgezeichneten und international begehrten Ergebnissen. Dort bekommt man unter anderem folgende Brau- und Spezialmalze (in Klammern die Farbwerte nach EBC):

**Pilsner Malz extra hell** (2–3) für Premium Pilsner Biere mit extra hellen Farben, hergestellt aus feinster inländischer zweizeiliger Sommerbraugerste, vorwiegend aus den Sorten Barke und Scarlett.

**Pale Ale Malz** (5,5–7,5) für alle Biere geeignet, speziell jedoch für Ale, Stout und Porter.

**Wiener Malz** (7–9) für Exportbier, den Wiener Typ und Festbiere. Mit dem Wiener Malz werden die Biere golden, es fördert die Vollmundigkeit.

**CARAFA** (eine registrierte Weyermann-Marke) für dunkle Biere, Stark-, Alt-, Bock und Schwarzbiere; zur Intensivierung des Aromas und um Farbe zu erzielen. Hergestellt aus entspelzter Gerste. Es gibt auch Varianten mit einer relativ geringen Röstbittere durch ein speziell entwickeltes Entbitterungsverfahren.

**CARARED** (40–50 EBC, ebenfalls eine registrierte Weyermann-Marke) für Braun-, Amber- und Altbiere sowie für Red Ales und Scottish Ales. Es erhöht die Vollmundigkeit und trägt zur Intensität des Malzaromas bei. Rötliche Bierfarben können mit CARARED erzeugt werden.

*Früher war die Mälzerei ein wesentlicher Bestandteil jeder größeren Brauerei. Heute sind Mälzereien Spezialbetriebe, von denen es in Österreich nur mehr wenige gibt. Zu den bedeutendsten gehören die Stadlauer Malzfabrik AG in Wien und die Johann Plohberger Malzfabrik in Grieskirchen.*

# Hefe

Bier ist ein wunderbares Lebensmittel – und es sind Lebewesen, die dafür sorgen, dass es entstehen kann. Sie heißen Hefen und sind einzellige Sprosspilze. Hefen sind winzig klein und einzeln nur durch ein starkes Mikroskop sichtbar.

WIE BEI UNS GEHÖRT AUCH BEI DEN HEFEN DER STOFFWECHSEL ZU DEM, WAS DAS LEBEN AUSMACHT.

Nur sind uns die Stoffwechselergebnisse der Hefe hochwillkommen. Sie sind nicht nur genießbar, sondern ein Genuss. Hefen ernähren sich von Kohlehydraten, etwa vergärbaren Zuckern, sie scheiden Alkohol und Kohlensäure aus. Außerdem brauchen sie Wuchsstoffe, Mineralien, Vitamine und Spurenelemente. Bei der Gärung entsteht noch mehr: Stoffe, die der Brauer kurz „GNPs", also „Gärungs-Nebenprodukte", nennt.

## Banane, Gewürznelke, frische Butter

Gärungs-Nebenprodukte verbleiben teilweise im Bier, zu anderen Teilen dampfen sie aus oder werden weiter vergoren. Sie können guten oder schlechten Einfluss auf die Bierqualität haben. Nachfolgend werden einige GNPs vorgestellt. Vorab: Keine Angst vor den chemischen Fachwörtern – es handelt sich dabei um auf natürliche Weise entstehende Stoffe, die letztlich mit dafür sorgen, dass uns ein Bier mundet.

Erwünschte GNPs sind etwa Frucht-Ester, wenn sie zum Biertyp passen. Bananenduft ist zum Beispiel für Weißbier typisch und dort sehr erwünscht. Chemisch heißt das Iso-Amylacetat und ist im Weizenbier so willkommen wie Eugenolacetat, das als Gewürznelkenduft in obergärigen Bieren, etwa im Roggenbier, gut wahrnehmbar ist. Diacetyl (riecht wie frische – also nicht ranzige – Butter) gehört hingegen zu jenen GNPs, die im Grunde als Bierfehler bezeichnet werden. Allerdings gehört bei tschechischen Bieren, zum Beispiel bei Pilsner Urquell, ein geringer Gehalt an Diacetyl zum typischen und erwünschten Geschmacksbild. In einem heimischen Pils hat dieser Geruch nichts verloren.

Negative Gärungs-Nebenprodukte müssen also während der Reifung abgebaut beziehungsweise ausgetrieben werden. Noch nicht ganz ausgereiftes Bier zeichnet sich auch durch den so genannten „Jungbiergeschmack" aus. Diacetyl gehört dazu, wie auch manche Aldehyde (sie können nach Apotheke oder Klebstoff riechen). Auch Schwefelverbindungen, die einen fauligen oder stechenden Grünapfelgeruch erzeugen, machen den Jungbiergeschmack aus. Jungbier bezieht sich auf ein Stadium der Bierwerdung, in dem Bier normalerweise noch nicht abgefüllt und ausgeschenkt wird.

# Untergärig, obergärig

Die wichtigste Unterscheidung der Hefen als Gärungsorganismen ist jene in „untergärige" und „obergärige" Stämme. Die Bezeichnung untergärig kommt daher, dass die Rückstände solcher Hefen nach der Fermentation auf den Boden des Braukessels absinken. Die Rückstände heißen auch „Drusen". Bei obergärigen Hefen steigen die Rückstände auf und bilden eine Art Haube auf der Flüssigkeit. Sie bleiben bei ihrer Vermehrung aneinander hängen, bilden eine Netzstruktur und steigen deshalb in der Flüssigkeit auf. Untergärige Hefen brauchen zudem niedere Umgebungstemperaturen, etwa 5 bis 9 Grad Celsius, um „anzuspringen", also mit dem Gärungsprozess zu beginnen. Obergärige Hefen brauchen etwa 15 bis 25 Grad Celsius.

Untergäriges Brauen hat einige Vorteile, etwa jenen, dass sich bei niedrigeren Temperaturen Keime viel schlechter entwickeln. So ist es leichter möglich, das Bier sauber zu halten. Vor der Erfindung der Kühlmaschine war untergäriges Brauen nur im Winter möglich. Obergärige Hefen sind natürlicher und stabiler als untergärige Hefen.

Dringen Fremdhefen (dazu zählen etwa auch Weinhefen) ein, so spricht der Brauer von Kontamination. So etwas kann im schlimmsten Fall den Geschmack verändern oder zum Flaschenbruch führen.

# Reinzuchthefen versus Spontangärung

Hefen kommen einfach vor, sonst hätte man nicht schon vor der Mitte des 16. Jahrhunderts Bier brauen können. Auch heute gibt es noch Biere, die mit den natürlich vorkommenden Hefen vergoren werden. Das nennt man „Spontangärung". Belgische Lambic-Biere werden auf diese Weise hergestellt.

Hierzulande wird, wie von fast allen Brauereien dieser Welt, so genannte Reinzuchthefe zum Brauen verwendet. Da die Hefen mit ihrer individuellen (stammesbedingten) Art wesentlich zum Geschmacksbild des Bieres beitragen, gibt nur die Verwendung von Zuchthefen dem Brauer die Möglichkeit, den Geschmack des Bieres so exakt wie möglich vorzubestimmen. Größere Brauereien entwickeln und pflegen ihre Hefestämme grundsätzlich selbst. Manche Stämme sind ein wohlbehütetes Geheimnis, andere wiederum werden sogar an kleinere Mitbewerber und Hausbrauer abgegeben. Eine gute Tat, ganz im Sinne der Bierkultur und -vielfalt.

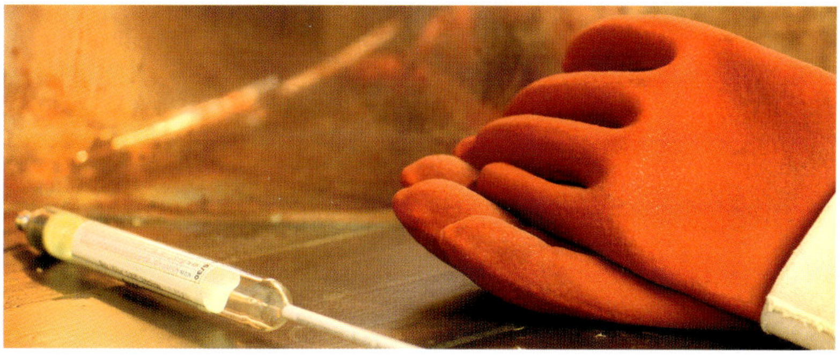

# Impressum



Die in diesem Buch veröffentlichten Ratschläge sind mit größter Sorgfalt vom Autor erarbeitet und geprüft worden. Eine Garantie kann jedoch nicht übernommen werden. Ebenso ist eine Haftung des Verlags und seiner Beauftragten für Personen-, Sach- oder Vermögensschäden ausgeschlossen. Jede gewerbliche Nutzung der Arbeiten und Entwürfe ist nur mit Genehmigung der Hubert Krenn VerlagsgesmbH gestattet.

Cover: **Moritz Scharf**
Coverfoto: **wegro gmbh, Gabriele Milewski**
Grafische Gestaltung: **Moritz Scharf**
Texte: **Sepp Wejwar**
Lektorat: **Alexander Schipflinger**
Fotografie: **Brauereien; wegro gmbh, www.fotolia.de**
Druck und Bindung: **Druckerei Theiss GmbH, A-9431 St. Stefan**


ISBN: 978-3-99005-000-2